DICCIONARIO BURSATIL
Y
GUIA DE INVERSIONES

DANIEL A. FILIPINI

DICCIONARIO BURSATIL

Y

GUIA DE INVERSIONES

- Bolsas y Mercados de Valores del país
- Fondos Comunes de Inversión
- Mercado Abierto Electrónico
- Desarrollo de Siglas de Organismos Económicos

ABELEDO-PERROT

BUENOS AIRES

I.S.B.N.: 950-20-0697-6

IMPRESO EN ARGENTINA

*A María Gracia, capullo de amor
y ternura que ilumina mi vida.*

A todos mis afectos ...

PROLOGO

De acuerdo a la definición de la Real Academia Española diccionario es "un libro en que por orden comúnmente alfabético se contienen y explican todas las dicciones de uno o más idiomas, o las de una ciencia, facultad o materia determinada".

Partiendo de esta definición no se le podría llamar a esta obra "diccionario" ya que en el objetivo de la realización de la misma no se encuentra el de explicar "todas las dicciones" del ámbito bursátil, pero sí tratar de recoger aquellas voces que se han considerado "más pertinentes" para profundizar en el conocimiento y entendimiento de nuestro mercado accionario.

Pretende ser un producto válido para todas aquellas personas que necesitan una herramienta básica para una mejor comprensión del léxico usado en el mercado y entender el comportamiento de la bolsa en general.

Nuestro país sufrió un profundo proceso de reformas y transformación económicas comenzando con la implementación de la actual política económica que conllevó privatizaciones, desregulaciones y estímulos para el mercado de capitales en su regulación y transparencia; razones instrumentales y técnicas que se ven reflejadas diariamente en medios gráficos, radiales y televisivos y que no siempre pueden llegar a ser interpretadas fielmente por el normal denominador de la gente.

Se entiende también que mucha de esta terminología desarrollada aquí no sea válida para los operadores profesionales, como para aquellos asiduos concurrentes al fascinante mundo del edificio de 25 de Mayo y Sarmiento.

La razón de la existencia de esta obra está dada por la finalidad de aportar los conocimientos necesarios para que muchas personas posean una herramienta válida para desarrollar sus actividades de inversión o solamente poder comprender mejor la información que a diario reciben relacionada con esta histórica actividad bursátil.

El auge que el mercado de valores ha alcanzado en nuestro país en el último bienio, aunado a la escasez de obras que sirvan como fuentes primarias de divulgación y consulta está indicando la razón de este trabajo.

La elaboración y el acopio de toda esta información resultó una tarea ímproba ya que se tuvo que acudir a un sinnúmero de fuentes durante un prolongado lapso, realidad ésta que no se hubiera podido cristalizar de no desarrollar mi actividad en la Biblioteca de la Bolsa de Comercio de Buenos Aires dónde la información a diario se percibe como una necesidad vital alimentada constantemente.

La elaboración de la información contenida en este diccionario ha constituido un trabajo apasionante, dónde no existe más mérito que el de la paciencia para elaborar, recopilar, seleccionar, confrontar y cotejar todos los datos obtenidos.

La característica más destacada de este diccionario está en el hecho de saber que se trabajó a conciencia para hacerlo eficiente, espero haber cumplido con ese cometido y que esta obra pueda estar llamada a perfeccionarse intelectualmente en el futuro.

El éxito para mí ya está representado por la cristalización del proyecto mismo.

ABREVIATURAS USADAS

Art.	Artículo
BCBA	Bolsa de Comercio de Buenos Aires
BCRA	Banco Central de la República Argentina
BID	Banco Interamericano de Desarrollo
B.O.	Boletín Oficial
BONEX	Bonos Externos
Com.	Comunicaciones Banco Central
CNV	Comisión Nacional de Valores
Dec.	Decreto
EE.UU.	Estados Unidos de América
Ej.	Ejemplo
FMI	Fondo Monetario Internacional
MAE	Mercado Abierto Electrónico
MERVAL	Mercado de Valores de Buenos Aires
Pcia.	Provincia
Regl.	Reglamento/Reglamentario
Res.	Resolución
S.A.	Sociedad Anónima
SRL	Sociedad de Responsabilidad Limitada

SIGLAS

El común denominador de la conjunción de estas siglas está centrado, como el diccionario en sí, en la temática relacionada con el mercado de capitales e instituciones, asociaciones, cámaras, etc. que están ligadas directamente a él, ya sean de orden nacional como internacional.

El listado pretende ser una ayuda que permita comprender o descifrar el significado de esas iniciales enlazadas que esconden tras de sí las palabras definitorias.

En general muchas de estas siglas son aceptadas sin someterlas a averiguaciones, ya que en algunos casos la costumbre y en otros la comodidad hacen que las alejemos de cualquier interpretación formal.

DESARROLLO DE SIGLAS

AAPP	Asociación Argentina de Presupuesto Público
ABAPRA	Asociación de Bancos de Provincia de la R.A.
ABIRA	Asociación de Bancos del Interior de la R.A.
ABM	Asociación de la Banca Minorista
ABRA	Asociación de Bancos de la R.A.
ACDE	Asociación Cristiana de Dirigentes de Empresas
ADE	Asociación de Dirigentes de Empresas
ADEBA	Asociación de Bancos Argentinos
ADEC	Asociación de Dirigentes de Empresas y Comercialización
ADEFA	Asociación de Empresas Fabricantes de Automotores

ADIBA	Asociación de Industriales de Buenos Aires
ADIMRA	Asociación de Industriales Metalúrgicos de la R.A.
ADR	American Depository Receipts
AFJP	Administradora de Fondos de Jubilaciones y Pensiones
ALADI	Asociación Latinoamericana de Integración
ALAF	Asociación Latinoamericana de Ferrocarriles
ALALC	Asociación Latinoamericana de Libre Comercio
ALIDE	Asociación Latinoamericana de Instituciones Financieras de Desarrollo
AMBA	Asociación de Marketing Bancario Argentino
AMEX	American Stock Exchange
ARPEL	Asistencia Recíproca Petrolera Estatal Latinoamericana
ATACYC	Cámara de Tarjetas de Crédito y Compra
BICE	Banco de Inversión y Comercio Exterior
BID	Banco Interamericano de Desarrollo
BII	Banco Internacional de Inversiones
BIRD	Banco Internacional de Reconstrucción y Desarrollo
CAC	Cámara Argentina de la Construcción
CADECAC	Cámara Argentina de Agencias y Casas de Cambio
CADEMA	Cámara de Agentes de Mercado Abierto
CAFCI	Cámara Argentina de Fondos Comunes de Inversión
CAI	Consejo Argentino de la Industria
CARI	Consejo Argentino de Relaciones Internacionales
CBOT	Chicago Board of Trade
CBV	Conseil des Bourses de Valeurs
CCI	Chambre de Commerce Internationale
CEA	Consejo Empresario Argentino
CEE	Comunidad Económica Europea
CEMA	Centro de Estudios Macroeconómicos de la Argentina
CEMLA	Centro de Estudios Monetarios Latinoamericanos
CEPAL	Comisión Económica para América Latina y el Caribe
CFI	Consejo Federal de Inversiones
CFI	Corporación de Financiamiento Internacional
CGE	Confederación General Económica
CGT	Confederación General del Trabajo

CIADI	Centro Internacional de Arreglo de Diferencias Relativas a Inversiones
CIARA	Cámara de la Industria Aceitera de la R.A.
CICYP	Consejo Interamericano de Comercio y Producción
CII	Corporación Interamericana de Inversiones
CIS	Centro de Industriales Siderúrgicos
CISEA	Centro de Investigaciones sobre Estado y la Administración
CME	Chicago Mercantile Exchange
CNMV	Comisión Nacional del Mercado de Valores
CNUDMI	Comisión de las Naciones Unidas para el Derecho Mercantil Internacional
CNV	Comisión Nacional de Valores
COB	Commission des Opérations de Bourse
CONSOB	Commissione Nazionale per le Societá e la Borsa
COPAL	Coordinadora para las Industrias Alimenticias
CRA	Confederaciones Rurales Argentinas
CUIT	Clave Unica de Identificación Tributaria
DGI	Dirección General Impositiva
DSI	Doctrina Social de la Iglesia
FAA	Federación Agraria Argentina
FACA	Federación Argentina de Cooperativas Agrarias
FAIMA	Federación Argentina de la Industria Maderera y Afines
FAO	Organización de las Naciones Unidas para la Agricultura y la Alimentación
FEBANCOOP	Federación de Bancos Cooperativos de la R.A
FELABAN	Federación Latinoamericana de Bancos
FIABV	Federación Iberoamericana de Bolsas de Valores
FIBV	Federación Internacional de Bolsas de Valores
FMI	Fondo Monetario Internacional
FONDAD	Forum on Debt and Development
GATT	Acuerdo General sobre Aranceles Aduaneros y Comercio
GRA	Acuerdos de Refinanciación Garantizados
IAEF	Instituto Argentino de Ejecutivos de Finanzas
ICI	Instituto de Cooperación Iberoamericana
INAP	Instituto Nacional de la Administración Pública
INDEC	Instituto Nacional de Estadísticas y Censos

INTAL	Instituto para la Integración de América Latina
INTL	Indice Novillo terminado Liniers
IPES	Instituto de Política Económica y Social
ISMA	International Securities Market Association
ITS	Intermarket Trading System
IVA	Impuesto al Valor Agregado
LIBOR	London Interbank Offered Rate
MAE	Mercado Abierto Electrónico S.A.
MAT	Mercado a Término de Buenos Aires S.A.
MATIF	Marché à Terme International de France
MATIM	Mercado a Término de Indice Meteorológico
MERCOSUR	Mercado Común del Sur
MERFOX	Mercado de Futuros y Opciones S.A.
MERVAL	Mercado de Valores de Buenos Aires
MONEP	Marché d'options négoicables
NASD	National Association of Securities Dealers
NASDAQ	National Association of Securities Dealers Automateal Quotation
NYSE	New York Stock Exchange
OCDE	Organisation de Cooperation et de Development Economiques
OEA	Organización de Estados Americanos
OFT	Office of Fair Trading
ONUDI	Organización de las Naciones Unidas para el Desarrollo Industrial
OPA	Offre Publique d'achat
OPV	Offre Publique de Vente
OTC	Over the Counter Market
PER	Price Earning Ratio
PNUD	Programa de las Naciones Unidas para el Desarrollo
PYME	Pequeña y Mediana Empresa
RAIC	Red Andina de Información Comercial
SEAQ	Stock Exchange Automatic Quotation System
SEC	Security and Exchage Commission
SELA	Sistema Económico Latinoamericano
SICAV	Societé d'investissament a Capital Variable

SICOVAM Societé Interprofessionalle pour la Compensation des Valeurs Mobilieres
SIM Societé di Intermediazione Mobiliare
SPI Serviço de Proteçao do Investidor
SRA Sociedad Rural Argentina
SUSS Sistema Unico de la Seguridad Social
TIR Tasa Interna de Retorno
UAC Unión Argentina de la Construcción
UDES Unión Argentina de Entidades de Servicios
UIA Unión Industrial Argentina
UNCITRAL Comisión de las Naciones Unidas de Derecho Comercial
UNCTAD Conferencia de las Naciones Unidas sobre Comercio y Desarrollo
UNIDA Unión de la Industria de la Alimentación
USM Unlisted Securities Market
UTE Unión Transitoria de Empresas

DICCIONARIO BURSATIL

Acción

Parte alícuota del capital de una sociedad anónima que se incorpora a un título valor transferible, que representa una aportación patrimonial, confiriendo a su titular legítimo la condición, derechos y obligaciones de socio.

Acción con prima

Es la emitida sobre la par, o sea con un valor mayor al valor nominal indicado en el título correspondiente.

Acción de goce

Es aquella que sólo otorga a su titular el derecho a participar en las ganancias.

Acción de voto plural

Es la que está dotada de un mayor número de votos que otras acciones de igual valor nominal.

Acción al portador

En ella no figura determinado expresamente su titular, siendo éste el portador del documento.

Acción nominativa

Es la que designa como titular a una persona determinada, por lo que es de legitimación personal.

Acción ordinaria

Es la que atribuye a sus titulares el régimen normal de derechos y obligaciones integrantes de su condición de socio.

Acción preferida

A diferencia de la ordinaria concede a su tenedor ventajas o privilegios con relación a los derechos de socio, salvo el derecho de voto.

Acción sin valor nominal

A diferencia de las acciones que difieren el valor nominal, estas no tienen otro valor que el efectivo.

Accionariado obrero

De acuerdo a la naturaleza jurídica de la empresa, es el derecho por el que se le otorga a los trabajadores un porcentual determinado de acciones y participación en la gestión y utilidades de la empresa.

Accionariado popular

Véase **Accionariado obrero.**

Acciones líderes

Fueron seleccionadas para figurar en el panel líder en base al volumen operado por cada una de ellas dentro de la rueda y por especie de actividad.

A partir de agosto de 1992 son veinte las acciones del panel líder.

Acindar - Alpargatas - Astra - Bagley - Celulosa - Garovaglio - Indupa - Ipako - Ledesma - Molinos - Pérez Companc - Nobleza Piccardo - Renault - Siderca - Comercial del Plata - Banco Galicia - Atanor - Banco Francés - Telefónica de Argentina - Telecom.

Accionista

Tenedor legítimo de una parte del capital de una sociedad por acciones y partícipe de la propiedad de la misma.

Acuerdo general de préstamos

Acuerdo multilateral mediante el cual el FMI puede obtener de los países participantes los recursos financieros que precisa hasta determinados límites.

Agencias de cambio

Son autorizadas por el BCRA que se dedican al comercio de compra y venta de monedas y billetes extranjeros, oro amonedado y cheques de viajeros, giros, transferencias y operaciones análogas en divisas extranjeras.

A tales efectos deben reunir determinados requisitos de solvencia y responsabilidad, así como un capital mínimo, garantías y documentación exigidas por el BCRA (ley 18.924).

Agente de bolsa

Persona facultada para desempeñarse como intermediario en la negociación de títulos valores. Su labor en el ámbito bursátil se remite a la participación en la negociación de valores en la rueda de operaciones.

Para ser agente bursátil se deben reunir determinados requisitos según la exigencia de la ley 17.811 y el MERVAL.

Estos requisitos son: mayoría de edad; ser accionista del mercado de valores correspondiente con la garantía monetaria constituida según lo que dichos mercados establezcan; tener idoneidad y solvencia moral y patrimonial y ser socio de la bolsa de comercio correspondiente.

A su vez cada agente tiene la obligación de llevar un registro con los datos personales y de identidad de sus respectivos comitentes con la firma de éstos.

Los mercados de valores llevan, a su vez, un registro de sus agentes y sociedades de bolsa.

Ver nómina de Agentes de Bolsa en Guía de Inversiones, pág. 73.

Agentes de mercado abierto

Son aquellos que se encuentran debidamente autorizados a operar por la CNV e inscriptos en el registro del Mercado Abierto Electrónico para la concertación de operaciones con títulos valores con oferta pública.

Los agentes deben ingresar en forma inmediata al sistema cada operación de compraventa concertada con el siguiente detalle: hora, especie, plazo de liquidación, precio, tipo de operación, volumen, número de operación, identificación de contraparte (Res. 147/90, CNV, *B.O.* 7/VIII/92; Res. 193/92, CNV, *B.O.* 19/II/92).

Ver nómina de Agentes de Mercado Abierto en Guía de Inversiones, pág. 65.

Ahorro

Es el excedente de la renta (ingreso) sobre los gastos de consumo corriente (egreso).

Ajuste por inflación

Es el que se realiza en los estados contables de ejercicios anuales o períodos intermedios dentro del ejercicio para poder confeccionarlos en moneda constante (art. 62, ley 22.903 y res. técnicas nros. 2, 6, 8 y 9 del Consejo Profesional de Ciencias Económicas).

"American Depositary Recipts" (ADR)

Instrumentos negociables emitidos por un banco de los EE.UU. que dan título a las acciones de las empresas que quieran cotizar en la Bolsa de Nueva York y que son mantenidos en custodia por el banco emisor correspondiente.

Análisis bursátil

Estudia la actividad del mercado considerando las series históricas de cotizaciones y volúmenes. Es la actividad que registra gráficamente las transacciones para poder deducir a través de ellas la tendencia futura de las acciones en particular o del mercado en general.

Arbitraje

Es acordar voluntariamente por ambas partes ante una cuestión litigiosa, el sometimiento y la decisión sobre la misma a un tercero, denominado árbitro.

Arbitraje comercial internacional

Interviene en los conflictos relativos a la interpretación de los contratos celebrados entre personas jurídicas pertenecientes a dos o más países.

Asambleas

Se deben reunir en la sede, o en su defecto en el lugar que corresponda a la jurisdicción del domicilio social de la empresa. Sus resoluciones son de cumplimiento obligatorio. Le corresponde a la asamblea: consideración del balance general, designación y renovación de directores y síndicos, su retribución y la responsabilidad de los mismos, así como el aumento del capital empresario.

Es obligación de los accionistas para asistir a las asambleas el depósito de sus acciones en la sociedad o certificar la tenencia de las mismas. Es el órgano soberano de una sociedad anónima, sus resoluciones no reconocen otra limitación que los estatutos de la sociedad y la legislación vigente.

Asociación de Bancos Argentinos (ADEBA)

Entidad constituida el 3 de mayo de 1972 con el aporte de bancos privados nacionales.

Tiene por objetivos promover el desarrollo de la banca privada en la Argentina y colaborar con el poder público en los problemas monetarios y financieros.

Constituida en la actualidad por veintitrés instituciones.

Autoridades:
Presidente: Sr. Roque Maccarone
Vicepresidente: Lic. Eduardo J.
          Escasany
Secretario: Sr. Luis Enrique Giménez
Dirección: San Martín 229, 10° piso -
          Tel.: 394-1430/1538/1639
          /1737/1836
Ver nómina de Bancos asociados en Guía de Inversiones, pág. 67.

Asociación de Bancos de la República Argentina (ABRA)

Institución fundada en 1919. Reúne en la actualidad a treinta y cuatro bancos privados del sistema bancario argentino de origen extranjero. Es la entidad más antigua de las asociaciones bancarias argentinas.

Autoridades:
Presidente: Dr. Emilio J. Cárdenas
Vice 1°: Ing. Manuel Sacerdote
Vice 2°: Sr. Francis Garier
Secretario: Sr. Raúl Stocker
Tesorero: Sr. Steven Darch
Dirección: Reconquista 458, 2° piso -
          Tel.: 394-1871/6445/6452
Ver nómina de Bancos asociados en Guía de Inversiones, pág. 68.

Asociación de Bancos de Provincias de la República Argentina (ABAPRA)

Autoridades:
Presidente: Sr. José M. Pablo Viudes
Vice 1º: Sr. Ricardo Mazlumian
Vice 2º: Sr. Fernando Marraco
Secretario: Sr. Juan Carlos Reffino
Tesorero: Sr. Tulio Meglioli
Dirección: Florida 470, 1º piso - Tel.: 322-6421/6321/5342 /6721

Ver nómina de Bancos adheridos en Guía de Inversiones, pág. 68.

Asociación de Bancos del Interior de la República Argentina (ABIRA)

Autoridades
Presidente: Dr. Jorge F. Christensen
Vice 1º: Sr. Pedro A. Mangieri
Vice 2º: Sr. Adolfo Arouxet
Secretario: Sr. Ignacio Armendáriz
Tesorero: Sr. Lelio Zeno Monserrat
Dirección: Av. Corrientes 538, 14º piso - Tel.: 394-5671/5682/ 3439/3403

Ver nómina de Bancos adheridos en Guía de Inversiones, pág. 69.

Asociación Latinoamericana de Instituciones Financieras de Desarrollo (ALIDE)

Organización internacional no gubernamental que tiene su sede en Lima, constituida en 1968 y que agrupa a cerca de doscientos organismos financieros de desarrollo de veintiocho países y que tiene por objeto el desarrollo de la cooperación entre sus miembros con vistas a potenciar la integración de la zona.

Asociación Latinoamericana de Integración (ALADI)

Establecida por el Tratado de Montevideo en 1980 con la finalidad de continuar el proceso de integración económica iniciado por ALALC, a la que reemplaza. Su objetivo es la integración económica de la región hacia un desarrollo socioeconómico equilibrado.

Sus tareas se refieren a la promoción y regulación del comercio recíproco, al desarrollo de la complementación económica y al apoyo de acciones económicas que favorezcan a la expansión del mercado.

Asociación Latinoamericana de Libre Comercio (ALALC)

Establecida el 2 de junio de 1961 después de ratificarse el Tratado de Montevideo de 1960. Prevé el establecimiento gradual de un área de libre comercio a lograrse a fines de 1980, como primer paso para el establecimiento de un mercado común latinoamericano. Conformada por Argentina, Bolivia, Brasil, Chile, Colombia, Ecuador, México, Paraguay, Perú, Uruguay y Venezuela. A partir de 1980 se utiliza ALADI.

Asociación Recíproca Petrolera Estatal Latinoamericana (ARPEL)

Fundada en 1965, en Lima, por las empresas estatales petroleras de Argentina, Bolivia, Brasil, Chile, México, Paraguay, Perú, Uruguay y Venezuela, con sede en Buenos Aires; tiene por finalidad principal organizar un mercado común petrolero regional.

Aumento del capital

En las S.A. es una facultad que confiere la ley realizándose por oferta pública de acciones, previa aprobación del aumento por la asamblea.

Balance

Instrumento contable que recoge debidamente sistematizado, coordinado y valorado el conjunto de elementos patrimoniales de una unidad económica en un tiempo determinado y el resultado obtenido en ese ejercicio.

Balanza comercial

Cuenta nacional que registra durante cierto período el conjunto de operaciones efectuadas entre un país y el resto del mundo.

Cuando las operaciones comerciales y financieras del país hacia el exterior superan a las importaciones se encuentra ante una balanza positiva.

Balanza de pago

Véase **Balanza comercial**.

Banco

Entidad comercial cuyo fin es custodiar dinero y valores de particulares o entidades, realizar préstamos y servir de intermediaria en el mercado de capitales.

Banco Central

Es un banco encargado de la emisión de moneda y de la moderación directa o indirecta de la cantidad y costo del crédito dentro de un país.

Su misión principal es controlar la estabilidad monetaria, regular la liquidez y organizar las liquidaciones de compensación entre los bancos, amén de desempeñarse como organismo de control de las entidades financieras.

Banco de Inversión y Comercio Exterior (BICE)

Banco privado nacional con participación estatal. Su objeto es dedicarse a operaciones financieras, principalmente dedicadas a transacciones como banco mayorista, financiamientos de proyectos de inversión y negocios de comercio exterior a través de los bancos comerciales constituido por dec. 2703/91 (*B.O.* 6/I/92) bajo la forma de S.A. según las normas y prescripciones de la ley 19.550.

Banco Internacional de Reconstrucción y Desarrollo (BIRD)

Creado en 1944, tiene su sede central en Washington, surgido de la Conferencia de Bretton Woods. Su constitución entró en vigor el 27/XII/45 con treinta y ocho países miembros con el objetivo de suministrar capital para ayudar a las respectivas economías a superar los efectos de la guerra mundial y estimular el desarrollo.

Banco Mundial

Véase **Banco Internacional de Reconstrucción y Desarrollo.**

Billete

Título al portador y a la vista emitido por un banco autorizado y al que el Estado confiere el carácter de moneda de circulación legal en un país.

Boletín diario de la Bolsa de Comercio de Buenos Aires

Publicación que se difunde los días de operatoria bursátil. Es un importante vehículo de información ya que mediante él se da a conocer lo acaecido en el mercado y la información suministrada por las sociedades cotizantes cuya publicidad debe realizar la Bolsa de Comercio. En él se publica el resumen bursátil de la jornada, donde se incluyen los índices de la Bolsa de Comercio, el del MERVAL, el volumen negociado y el detalle de las operaciones realizadas de cada especie. Se incluyen también movimientos de socios y dependientes, cauciones bursátiles, informaciones de cámaras, fondos comunes de inversión y MERFOX. Aparecen también separatas con balances esquematizados de sociedades anónimas.

Boletín semanal de la Bolsa de Comercio de Buenos Aires.

Es una publicación que normalmente aparece los días lunes de cada semana. En ella se publican memorias y balances de las sociedades, evolución de las cotizaciones semanales de las empresas, esadísticas e informaciones diversas del mercado y la composición de la cartera técnica del MERVAL. Se incluyen también informaciones del MERFOX, mercado a término, etcétera.

Es un importante órgano de divulgación de la información que tiende fundamentalmente a hacer transparente el mercado.

Boleto

En la jerga bursátil se denomina así a un formulario membretado debidamente cumplimentado por el agente de bolsa que entrega al comitente como documento de la operación realizada. En él figuran destacados los detalles de la compra o venta efectuada como especie, cantidad de valores, precio, impuestos y número correspondiente del o los agentes con los que realizó la operación.

Bolsa de comercio

Institución de servicio público que se constituye como asociación civil o sociedad anónima y cuyo objeto es centralizar la negociación de títulos valores públicos y privados que se encuentren registrados y hayan sido debidamente autorizados.

Su función básica consiste en canalizar y recoger los ahorros individuales o excedentes financieros de entidades para hacerlas converger en sociedades demandantes de capital.

La sensibilidad de la bolsa, en función de los acontecimientos en un país, es tan grande que se la considera un termómetro económico, político y social.

Ver nómina de Bolsas de Comercio en Guía de Inversiones, pág. 70.

Bolsa de Comercio de Buenos Aires

La Bolsa de Comercio de Buenos Aires es la más antigua de las bolsas latinoamericanas, fundada el 10 de julio de 1854.

Los primeros años de la Bolsa transcurrieron con la realización de operaciones en metálico, para ampliarlas luego a fondos públicos nacionales, cédulas hipotecarias y municipales.

El actual edificio, enclavado en la intersección de las calles 25 de Mayo y Sarmiento fue inaugurado a fines del año 1916; esta grandiosa obra arquitectónica fue realizada por el arquitecto y pintor noruego Alejandro Christophersen (1866-1946). Su cultura artística la formó en Francia y Bélgica, reflejando su credo estético en el libro *Ideas sobre Arte* (Bs. As., Moen, 1920). Dirigió también la construcción del Palacio San Martín.

Actualmente en el nº 359 de 25 de Mayo se encuentra el nuevo edificio de la Bolsa en el que a partir de 1984 se habilitó la nueva rueda de operaciones con el sistema informático.

La BCBA se encuentra expresamente autorizada por el Poder Ejecutivo, dentro del marco regulatorio de la ley 17.811, a promover y facilitar la realización de negocios sobre títulos valores públicos y privados registrando y publicando las operaciones en precios y montos para darle transparencia y seriedad a la plaza.

La BCBA tiene la facultad de establecer los requisitos, autorizar y cancelar cotizaciones de títulos valores y ejercer el control del cumplimiento de las normas legales existentes por parte de las sociedades cotizantes.

Autoridades
Presidente: Ing. Carlos E. Dietl
Vice 1º: Cr. Luis Maria Flynn
Vice 2º: Dr. Jorge E. Berardi
Secretario: Dr. Julio A. Macchi
Tesorero: Sr. Carlos A. Porzio
Dirección: Sarmiento 299 (esq. 25 de Mayo), 25 de Mayo 359 - Tel.: 311-1174/7860

Bono atómico (BONOS CNEA)

Es un título de deuda pública destinado a cancelar deudas de la Comisión Nacional de Energía Atómica. Su plazo de amortización está dado de uno (1) a tres (3) años. Se negocia en bolsas y mercados de valores y está exento del impuesto a las ganancias para los que no practiquen ajuste por inflación (dec. 1460/87).

Bono de absorción monetaria

Emitidos por dec. 1335/82 (*B.O.* 3/XII/82) a cinco (5) años de plazo para ser colocados entre deudores del exterior que se hubieran acogido a los regímenes de seguros concertados con el BCRA.

Bono nacional de consolidación de deudas (BOCON)

La ley 22.749, (*B.O.* 23/II/83) y el dec. 1264/83 establecen la creación de este bono cuyo producto se destina a cancelar créditos del sistema financiero otorgados a los gobiernos provinciales, municipales, empresas y sociedades del Estado que no se encuentren comprendidos en el régimen de la ley de entidades financieras.

Bonos ajustables de renta real asegurada (BARRA)

El plazo de amortización de estos títulos fue de tres (3) años. Fueron emitidos por el Poder Ejecutivo para cubrir deuda pública. Tuvieron exención impositiva. Norma legal de creación dec. 256/87 y com. B-2489, BCRA.

Bonos basura

Son bonos o títulos de empresas con una elevada calificación de riesgo. Precisamente por esta razón los rendimientos de estos bonos pueden ser altamente superiores a los bonos de bajo riesgo.

Bonos de Consolidación Económica (BOCON)

Emitidos por el Banco Central por un plazo de dos (2) años, con fecha de emisión 28/XII/90. Son títulos al portador cotizables en bolsas y mercados de valores del país. Tienen exenciones tributarias (dec. 592/90, *B.O.* 5/IV/90 y com. A-1656, BCRA 5/IV/90).

Bonos de consolidación para cancelación de deudas previsionales (BOCON)

Son bonos emitidos para cubrir las deudas previsionales del Estado en moneda nacional (pesos) y en dólares estadounidenses. Para los bonos dolarizados la tasa es la LIBOR. Son títulos a diez (10) años de plazo. Estos títulos pueden ser utilizados a la par para cancelar deudas previsionales, licitaciones públicas y adquisición de acciones de empresas privatizadas. Cotizan en bolsas y mercados de valores del país y en el Mercado Abierto (com. A-1938, BCRA 19/III/

92; com. B-4900, BCRA 28/IV /92). Están exentos del pago del impuesto a los sellos por dec. 1052/92 (*B.O.* 7/VII/92).

Bonos de crédito (BOCREX)

Estos valores fueron emitidos para el pago de importes correspondientes a reintegros, reembolsos o devolución de tributos pendientes de cancelación. Son al portador y negociables en las bolsas y mercados de valores del país (dec. 1333/89, *B.O.* 4/XII/89).

Bonos de Inversión y Crecimiento (BIC)

Títulos públicos emitidos al portador por un plazo de diez (10) años con amortizaciones trimestrales, tienen cláusula de ajuste e interés del uno por ciento (1%) nominal mensual.

Están exentos de impuestos y son negociables en bolsas y mercado de valores del país (dec. 593/90, *B.O.* 6/IV/90 y com. A-1656, BCRA 5/IV/90).

Bonos en australes del Gobierno nacional (BAGON)

Creados por el Gobierno nacional por dec. 256/87 y 386/87 y com. B-2489, BCRA, a los efectos de hacer frente a la deuda pública existente y para atender erogaciones legales específicas a cubrirse con este empréstito.

Poseen exenciones tributarias y su rescate es a los cuatro (4) años.

Bonos externos (BONEX)

Obligaciones emitidas por el Estado nacional al portador con el objeto de mejorar la estructura de vencimientos de la deuda pública del Estado.

Estos títulos se emitieron a diez (10) años de plazo con pagos semestrales de renta y amortización anual. Están exentos de tributos. Se cotizan en bolsas y mercados del país y en el mercado abierto.

Fueron emitidas diferentes series de las que se pueden destacar las del 82, 84, 87 y 89. A continuación se indica el soporte legal de cada una.

Serie 1982, dec. 140/82,
        B.O. 25/I/82
Serie 1984, dec. 3405/84,
        B.O. 30/X/84
Serie 1987, dec. 1119/87,
        B.O. 14/VII/89
Serie 1989, dec. 1427/89,
        B.O. 13/XII/89

Bonos nominativos en dólares estadounidenses

Títulos de deuda pública externa destinados a cancelar las obligaciones externas de aquellos deudores que hubieran concertado seguro de cambio con el BCRA bajo el régimen de las comunicaciones A nros.

31, 54, 61 y 76. Estos títulos no cotizaron en bolsas y mercados y se emitieron a cinco (5) años de plazo (dec. 1334/82, *B.O.* 3/XII/82).

Caja de Valores S.A.

Tiene como función la guarda y administración de depósitos de títulos valores públicos o privados.

La ley 20.643 legisla sobre el contrato de depósito colectivo de títulos valores que se celebra entre la Caja de Valores y un depositante, según el cual la recepción de los títulos valores por parte de aquella sólo genera obligación de entregar al depositante o a quien este indique, en los plazos y condiciones fijadas en la ley o en su reglamentación, igual cantidad de títulos valores de la misma especie, clase y emisor.

Disposiciones legales y reglamentarias: ley 20.643, decs. 659/74 y 2220/80; ley 23.299 y dec. reglamentario 83/86.

La Caja de Valores está compuesta por un directorio de seis miembros titulares y seis suplentes:

Autoridades:
Presidente: Sr. Raúl Alvarez
Directores titulares:
        Dr. Horacio López Santiso
        Dr. Guillermo A. Fretes
        Dr. Eugenio J. A. Pendas
        Ing. Jorge A. Domínguez
        Dr. Federico Spraggon

Domicilio: Sarmiento 299, primer subsuelo - Tel.: 312-6446/6465
/8866/7267

"Call"

Es el costo del dinero que se obtiene a la tasa interbancaria. Esta tasa está decididamente influenciada según sean los índices de liquidez o iliquidez de la plaza. Estas transacciones generalmente son a muy corto plazo.

Cámara Argentina de Comercio (CAC)

Autoridades:
Presidente: Sr. Carlos R. de la Vega
Vice 1º: Sr. Silvio Macchiavello
Vice 2º: Dr. Ovidio Bolo
Vice 3º: Sr. Juan C. Roberts
Secretario: Dr. Jorge Luis Di Fore
Tesorero: Dr. Arturo A. Carou
Dirección: Av. L. N. Alem 36 - Tel.: 331-8051/55

Cámara Argentina de Fondos Comunes de Inversión

Nuclea a los Fondos Comunes de Inversión que actúan en el país, respaldando y publicitando su acciones, a los efectos de dar transparencia de las mismas y seguridad a los eventuales inversores.

Autoridades:
Presidente: Lic. Pablo L. de Estrada
Secretario: Lic. Jorge A. Gilligan
Tesorero: Dr. Héctor M. Alvarez
Dirección: 25 de Mayo 347, 4º piso, of. 459 - Tel.: 311-5231/33, int. 219/312-4490

Cámara de Agentes de Mercado Abierto (CADEMA)

Entidad que nuclea a los agentes adheridos al Mercado Abierto Electrónico S.A. Para actuar como agentes del Mercado Abierto las personas físicas y jurídicas se deben inscribir en el registro al que se refiere el inciso d) del artículo 6º de la ley 17.811 mediante solicitud que deberán presentar a la CNV (res. 147/90, CNV, *B.O.* 7/VIII/90).

Autoridades:
Presidente: Sr. Roberto Zoilo Cantón
Vicepresidente: Sr. Ernesto Clarens
Secretario: Sr. Aldo Luis Ducler
Tesorero: Sr. Rubén Darío Marchioni
Dirección: 25 de Mayo 294 - 4º piso - Tel.: 343-4122/4170/4191

Ver nómina de Agentes de Mercado Abierto Electrónico S.A., en Guía de Inversiones, pág. 65.

Cámara de Comercio Internacional (CCI)

Entidad dirigida a ayudar a los países en desarrollo a formular y efectuar programas y actividades nacionales de promoción del comercio.

Capitalismo

Sistema económico caracterizado por la propiedad privada de los medios de producción y la existencia de trabajo asalariado. El capitalismo se rige por la ley de la competencia, así como por la de la oferta y la demanda.

Capitalización bursátil

Es el producto del valor de cotización de un título de una sociedad en bolsa por el número de títulos que constituyen el capital social de la misma. Equivaldría al valor que alcanzaría la sociedad en bolsa si se vendieran todas sus acciones.

Cartera

Es la diversificación que se hace de la inversión, donde se evalúan los rendimientos y riesgos que implica la misma. Una cartera clásica está estructurada de acuerdo con diferentes porcentuales por: acciones, títulos públicos, tasa de interés y moneda extranjera.

Cartera propia

Se consideran operaciones de "cartera propia" las que realizan los agentes o sociedades de bolsa para sí o para socios, mandatarios, gerentes, empleados o sociedades controladas o accionistas que posean más del 3% del capital de una sociedad con oferta pública de sus acciones (Circular nº 3086, MERVAL).

Caución bursátil

Véase **Operaciones de caución.**

Circulación monetaria

Corresponde a la cantidad de moneda emitida por el Banco Central que se encuentra disponible en el país en un determinado momento.

Club de inversión

Grupo de personas físicas constituido para practicar en común compras y ventas de títulos valores.

Club de París

Foro internacional para la reprogramación del servicio de la deuda correspondiente a créditos concedidos o garantizados por acreedores bilaterales oficiales. No tiene número fijo de miembros ni estructura institucional. Tradicionalmente las reuniones son presididas por un representante del Tesoro de Francia y pueden participar en ellas todos los acreedores que deseen.

"Commercial Papers"

Pagarés de corto plazo emitidos por empresas para satisfacer su demanda de dinero. Estos títulos de deuda de las empresas están completamente desgravados de impuestos y se negocian en la Bolsa de Comercio o mercado abierto.

Comisión Nacional (CNV) de Valores

Entidad autárquica, creada por dec. ley 15.353 del 28/V/46 y ley 17.811 de 1968, que tiene como función la fiscalización en el cumplimiento de las normas legales y reglamentarias aplicables en las bolsas de comercio, mercados de valores y mercado abierto de todo el país, para la autorización de las ofertas públicas que soliciten las sociedades para la emisión de acciones, obligaciones negociables u otros títulos valores.

Está compuesta por un directorio integrado por cinco (5) miembros con una duración de siete años en sus cargos. Su estructura orgánica fue aprobada por dec. 1252/92 (*B.O.* 17/VII/92).

La CNV dicta las normas a las que deben ajustarse todas las personas, físicas o jurídicas, que intervengan en la oferta pública de títulos valores y fiscaliza también la actividad de los fondos comunes de inversión y las sociedades calificadoras de riesgo.

Autoridades:
Presidente: Lic. Martín Redrado
Vicepresidente: Dr. Francisco Guillermo Susmel
Directores: Dr. Carlos Solans
           Dr. Guido Tawil
           Dr. Guillermo Harteneck

Dirección: Hipólito Yrigoyen 250 - 10º piso, of. 1004/10 - Tel: 342-1919/9935/5799

Comitente

Es la persona que utiliza los servicios de un agente bursátil o del mercado financiero para que compre o venda títulos o instrumentos financieros a su nombre y orden.

Consumidor

Agente económico que realiza el acto de consumo para conseguir los bienes con los que satisfacer sus necesidades.

Contrato a futuro

Es aquel mediante el cual se produce la compraventa de un activo especificado reglamentariamente y cuya entrega se efectuará en fecha futura debidamente establecida a cambio de un precio ya acordado libremente en el momento del pacto.

Convertibilidad del austral

Establece la convertibilidad del austral con el dólar estadounidense a partir del 1º de abril de 1991 en una relación de A 10.000 por cada dólar. Fija también la desindexación de los contratos y establece los mecanismos por los cuales las sentencias judiciales no pueden ser ajustadas por conceptos indexatorios con posterioridad a la ley 23.928, (*B.O.* 27/III/91; dec. regl. 529/91).

Corte de cupón

Es la fecha establecida para el vencimiento de un cupón de un título determinado. Para hacer efectivo el mismo se separa el cupón de la lámina principal del título. Esta operatoria normalmente está realizada por la Caja de Valores, ya que el porcentaje de poseedores directos de láminas es mínimo.

En el caso específico de aquellas personas que posean alguna de las diferentes series de BONEX el cobro del corte de cupón se realiza actualmente en el Banco Central y en el Banco Ciudad de Buenos Aires; los cupones impares cobran dividendo solamente y los cupones pares cobran el dividendo más la amortización del título.

Cotización

Precio al que se realizan las transacciones de un título valor en un momento determinado.

Cotización de títulos valores

Toda sociedad nacional o extranjera así como la Nación o las provincias pueden cotizar sus títulos en la BCBA reuniendo determinados requisitos que se encuentran especificados en el reglamento para la autorización, suspensión, retiro y cancelación de la cotización de títulos Valores (art. 1º del Reglamento de Cotización de Títulos Valores, BCBA).

Las empresas deben reunir requisitos como: a) Presentación de sus balances anuales dentro de los noventa días de cerrado cada ejercicio y dentro de los cincuenta días de la presentación de los trimestrales; b) abonar los derechos de cotización; c) ajustarse en materia de asambleas, avisos, láminas y certificados y liquidación de fracciones a lo que establezca el Reglamento de Cotización y sus Disposiciones Complementarias.

Se pueden admitir a la cotización: a) acciones; b) debentures y obligaciones negociables convertibles o no; c) los valores emitidos por la Nación, provincias, municipios, entes autárquicos o Empresas del Estado; d) títulos públicos de países extranjeros; e) cualquier otra clase de títulos o activos escriturales negociables (art. 10 del Reglamento de Cotización de Títulos Valores, BCBA).

Crédito

Posibilidad que se tiene de recibir, normalmente de una entidad financiera, dinero con la obligación de devolverlo en un plazo e interés determinado previamente.

Cuenta corriente bancaria

Equivale a un contrato celebrado entre dos partes que rige las relaciones entre clientes y banquero según normas preestablecidas. En esa cuenta corriente el cliente realiza sus depósitos que representan el disponible sobre los que tiene la posibilidad de emitir cheques para su cobro.

Cupón

Es un talón que figura adherido a la lámina principal de una acción, bono, etcétera, y que sirve para ser utilizado por el tenedor del título para hacer efectivo el cobro del dividendo o amortización correspondiente. El actual uso y costumbre impuso que un porcentaje importante de esta operación no la realicen ya los titulares de los instrumentos, sino que se canalice por medio de la Caja de Valores, de allí que sea una operación que el inversor normalmente no la "visualiza".

Cada una de las partes, dispuestas en orden correlativo, en que está dividida la lámina adjunta a la representativa de un título valor público o privado.

Contra entrega de las mismas se van abonando los intereses o dividendos. Sirve para ejercer cualquier otro derecho que se acuerde a los tenedores de títulos.

Cheque

Instrumento que otorga, debidamente cumplimentado, una orden de pago librada contra un banco determinado, donde el librador tiene fondos depositados a su cuenta y orden.

Pueden ser emitidos: al portador, nominativos o a la orden y certificados.

Cheque de viajero

Documento que tiene por finalidad evitar la circulación del dinero efectivo, pudiendo ser emitido tanto en moneda nacional como extranjera.

Déficit financiero

Es la falta de recursos financieros con relación a las necesidades de financiación de la empresa.

Deflación

Política de restricción de la demanda para frenar el alza o provocar la baja de los precios, lo más elemental consiste en disminuir la cantidad de dinero circulante para actuar contra la demanda.

Derecho de bolsa

Las bolsas de comercio están autorizadas a percibir los derechos y aranceles que deben satisfacer las sociedades emisoras por la cotización de sus títulos y las partes en cada una de sus operaciones (art. 33, Disposiciones Legales y Reglamentarias para la Cotización de Títulos Valores, BCBA). Los aranceles actuales a abonar por las sociedades por derecho de cotización están regladas por la res. 4/89 de la CNV del 28/VII/89.

El pago del arancel de derecho de bolsa realizado por cada una de las partes (comprador-vendedor) en cada operación está dispuesto según los montos establecidos en la res. 1753/91, estos montos varían trimestralmente según lo operado en periodos inmediatos anteriores por la Bolsa de Comercio.

Derecho de mercado

Los mercados de valores están autorizados a percibir los derechos y aranceles que deben satisfacer las partes en cada operación (art. 38 Disposiciones para la Cotización BCBA).

En la res. 1753/91 publicada en el *B.O.* 15/I/92 se fija el monto máximo a percibir, en concepto de derechos y aranceles por las bolsas de comercio con mercados de valores adheridos y Mercados de Valores, de las partes en cada operación de compraventa de acciones a partir del 1º de febrero de 1992, monto fijado sobre el promedio diario de lo operado en los últimos tres meses.

Derecho de receso

Facultad que se le otorga al socio de una empresa para retirarse de la misma frente a la decisión de la asamblea aprobatoria de un acto que modifica la sociedad o que lesiona los intereses del socio, que por estatuto estaba obligado a determinados deberes.

Pueden ser causales del derecho de receso una fusión, cambio del objeto social, aumento de capital, etcétera.

Derecho de suscripción

Las acciones ordinarias otorgan a sus titulares el derecho preferente a la suscripción de nuevas acciones de la misma clase en proporción directa a las que poseen.

Esta operatoria otorga al accionista, ante una nueva emisión de acciones ordinarias, la posibilidad de adquirir nuevas acciones en proporción directa al número de las que posee. De acuerdo a este derecho de preferencia los accionistas mayoritarios tienen la certeza de conservar el control societario.

Desregulación económica

De acuerdo al decreto 2284/91 (*B.O.* 1/XI/91) se desregula la actividad del comercio interior de bienes y servicios y del comercio exterior. La finalidad es la de afianzar y profundizar la libertad económica en el país y la reforma del Estado con el objeto de consolidar la estabilidad económica, evitar distorsiones en el sistema de precios relativos y mejorar la asignación de recursos en la economía nacional. Disuelve los entes reguladores nacionales de rango inferior a dirección nacional general o equivalentes (Junta Nacional de Carnes, de Granos, etc.).

Realiza una profunda reforma fiscal suprimiendo determinados gravámenes, entre los que se cuenta el impuesto de sellos para la negociación de títulos valores. Establece un sistema único de la seguridad social (antecedentes legales: leyes 23.697; 23.696; 23.928 y dec. 2476, *B.O.* 26/XI/90).

Dinero

Véase **Moneda.**

Dividendo

Cociente que en las sociedades se entrega en pago a un socio o accionista sobre la base de utilidades contables obtenidas durante el ejercicio societario. Esta distribución se puede realizar en efectivo y/o acciones o constituyendo un *mix* de ambos. Según la ley 24.073 (*B.O.* 8/IV/92) dejan de estar sujetos a la retención del impuesto a las ganancias.

Doctrina Social de la Iglesia

Posición oficial de la Iglesia en temas sociales. Para la Iglesia todos los problemas sociales y los métodos elegidos para su solución implican de suyo aspectos morales que pueden favorecer u obstaculizar la promoción humana.

Ejercicio de la opción

Es la facultad que se otorga al tenedor del contrato de opción en cuanto a decidir sobre la compra o venta de la especie sobre la que se constituyó la misma.

Empresas cotizantes

Son todas aquellas que fueron autorizadas por las bolsas de comercio de acuerdo a las leyes vigentes y encuadradas dentro de los estatutos y reglamento de cotización de la bolsa respectiva.

Para ser admitida la cotización de sus acciones en la BCBA deben contar con un mínimo de accionistas no inferior a cincuenta no vinculados por convenios que limiten la transferibilidad de las acciones (art. 17 del Reglamento de Cotización).

Deben ofrecer como mínimo un cinco por ciento del capital social a cotizar. A su vez deben reunir y presentar determinada documentación legal y contable ante la Bolsa y la Comisión Nacional de Valores.

Estas empresas se encuentran divididas dentro de la Bolsa de Comercio de Buenos Aires de acuerdo a su especialidad respecto de la actividad económica que desarrollan.

Se las divide en: Alimentación - Bancos - Bebidas - Comercio - Construcciones - Entidades financieras - Industrias primarias - Industrias químicas - Manufacturas - Metalúrgicas - Papeleras - Telefónicas - Textiles - Seguros y otros sectores.

Ver nómina de empresas cotizantes en la BCBA, en Guía de Inversiones, pág. 79.

Empréstito Provincial Federación - La Rioja

Los recursos obtenidos por estos títulos son destinados a la financiación de obras públicas a ejecutarse en la provincia de La Rioja, como trabajos energéticos, obras viales, programas de viviendas, agro-industriales, etcétera.

"Enhacements"

En el argot financiero la reunión de fondos constantes y sonantes para conseguir la reducción de deuda externa de un país ante los organismos financieros internacionales.

Especulador

Operador comercial que participa en la compra-venta de mercaderías, títulos valores u otro tipo de operación con el propósito de obtener un lucro.

"Ex" dividendo

Es la cotización en rueda de una acción en la que no está incluido el valor correspondiente al dividendo acordado por la sociedad del que no se realizó el efectivo pago.

"Extended Fund Facility"

Préstamo de facilidades extendidas de pago, en la jerga del FMI, creado en mayo de 1989 para financiar el ingreso al Plan Brady.

Ferro bonos

Títulos públicos emitidos para mantener el funcionamiento de Ferrocarriles Argentinos hasta la entrega a sus concesionarios. Estos bonos no tienen fecha de vencimiento. Los títulos son al portador y negociables en bolsas y mercados de valores del país (dec. 52/92, *B.O.* 13/I/92).

Fondo Monetario Internacional (FMI)

Institución financiera creada en 1944 con la finalidad de estimular la cooperación monetaria internacional, facilitar la expansión del comercio, promover la estabilidad de los cambios y contribuir al establecimiento de un sistema multilateral de pagos.

Director Gerente: Michel Camdessus
Subdirector Gerente: Richard D. Erb
Consejero Económico: Michael Mussa
Consejero: Steve T. Baza
Consejero: Mamoudou Touré
Consejero: Leo Van Houtven
Dirección: 700 19th Street, N. W, Washington, DC 20431, EE.UU. - Tel.: (20) 623-7430.

Fondos comunes de inversión

Patrimonio integrado por valores con oferta pública, metales preciosos, divisas, derechos y obligaciones derivados de operaciones de futuro y opciones, instrumentos emitidos por entidades financieras autorizadas por el Banco Central de la R.A. y dinero, pertenecientes a diversas personas a las cuales se les reconocen derechos de copropiedad representados por contrapartes cartulares o escriturales. Estos fondos no constituyen sociedad y carecen de personería jurídica (ley 24.083, *B.O.* 18/VI/92). Ver nómina de entidades asociadas en Guía de Inversiones, pág. 63.

Fondos de pensión

Se integran con los aportes mensuales que realizan los trabajadores. Existe una sociedad responsable de su formación, gestión, diversidad de planes y formación de la respectiva cartera denominada Administradora Privada de Fondos de Jubilaciones y Pensiones (AFJP).

Es una modalidad de ahorro previsional donde el aporte específico y regular del adherente durante determinada cantidad de años determina el monto a percibir de la renta futura.

Los trabajadores podrán optar libremente para depositar sus aportes entre los administradores de fondos establecidos; estas partes serán destinadas en un porcentaje menor a contratar un seguro de vida para cada uno de sus adherentes y el remanente queda en su cuenta individual y podrá ser invertido en títulos públicos, acciones, obligaciones negociables, etc. Las utilidades de estas inversiones serán distribuidas proporcionalmente.

Las AFJP cobrarán las correspondientes comisiones por la administración de la cartera. El proyecto de ley se encuentra en el Congreso de la Nación.

Fondos de retiro
Véase **Fondos de pensión.**

"Franchising"
Transferencia que realiza una empresa a otra del derecho de elaborar y/o comercializar sus productos al amparo de los procesos técnicos originales, así como de su nombre y marca comercial.

Fundación Bolsa de Comercio de Buenos Aires
La Fundación tiene por objeto primordial realizar, promover y facilitar estudios e investigaciones en los campos de la economía, las finanzas, la sociología, el derecho y cualquier otro tema afín, orientados al perfeccionamiento del sistema económico-social que, basado en principios de libertad, sostiene la Bolsa de Comercio de Buenos Aires; todo ello con el propósito de que tal gestión redunde en beneficio de la comunidad y particularmente de la educación de la juventud, a fin de prepararla en forma adecuada para el ejercicio de aquellas disciplinas.

Para el cumplimiento de sus fines podrá organizar cursos, crear y sostener cátedras, otorgar becas, contratar profesionales, realizar concursos y llevar a cabo todo tipo de actividad. La Fundación podrá conceder préstamos a asociaciones y/o entidades civiles con personería jurídica comprendidas en el art. 19, inciso f), primer párrafo de la ley 11.682 (texto ordenado en 1960). Podrá también propiciar y solventar campañas para divulgar los principios de la libre empresa y de los beneficios de la inversión en títulos valores (art. 2º, estatuto Fundación).

Directora ejec.: Dra. Laura Miguel
Dirección: Sarmiento 299, 4º piso, of. 413 - Tel.: 313-9938

Ganancia en papel
Es la ganancia teórica de un determinado título resultado de la diferencia tomada con relación al valor del precio de entrada y el cotizante en ese momento. No es una ganancia concreta ya que no se realizó efectivamente la salida del papel.

Grupo de los ocho
1) Conformado por Argentina, Brasil, Colombia, México, Perú, Panamá, Uruguay y Venezuela. Nace como respuesta de apoyo al Grupo de Contadora dentro del afán de

ampliar el espacio diplomáti-
co destinado a auspiciar los
esfuerzos por la paz centro-
americana.

En su primera reunión cum-
bre en Acapulco, en noviembre de 1987, el grupo quedó
constituido como mecanismo
de consulta permanente.

2) Nucleamiento informal
conformado por ocho entidades empresariales argentinas
de primera línea como un
foro intersectorial:

ABRA	Asociación de Bancos de la República Argentina
ADEBA	Asociación de Bancos Argentinos
BCBA	Bolsa de Comercio de Buenos Aires.
CAC	Cámara Argentina de Comercio
CAC	Cámara Argentina de la Construcción
SRA	Sociedad Rural Argentina
UAC	Unión Argentina de la Construcción
UIA	Unión Industrial Argentina

Hoja de cierre

Es la primera información
diaria y oficial divulgada por la
Bolsa de Comercio de Bs. As.
terminada la operatoria bursátil. En ella se indica el precio de cierre de cada especie,
indicándose como referencia
también el del día anterior, se
incluye el total negociado
efectivo y nominal. Aparece
antes de las 16 horas de cada
día de rueda.

Importe operativo mínimo

Cantidad necesaria de pe-
sos para modificar precio en
una especie. Se aplica desde
el comienzo de la rueda de
operaciones hasta el momento
en que se inician los últimos
diez minutos de la misma.

En títulos privados este importe operativo mínimo es de
$ 5.000 para especies líderes y
$ 2.000 para especies de panel
general (Circular Nº 3091 del
MERVAL).

Indexación

Acción consistente en vin-
cular el valor de un capital o
de una renta a la evolución de
una variable de referencia (ej.
precios, producción, etc.).

Indice Bolsa de Comercio

La forma de cálculo utilizada es un sistema de pondera-
ción permanente de las varia-
ciones de cotización de todos
los valores de la muestra.

Se integra con todos los títulos admitidos a la cotización
del día. Puede llegar a tener
sensibles diferencias con el índice MERVAL ya que tienen
decisiva influencia las acciones del panel general que
normalmente pueden aportar
menor movimiento nominal y
efectivo.

Indice bursátil

Se realiza en base a un número de valores seleccionados

en función de su capitalización, frecuencia y volumen de
cotización diarios.

Indice Merval

Es un indicador que mide
la valorización del mercado
en función de una selección
de dieciséis acciones sobre el
total, que consideran las más
representativas y pretende explicar el rendimiento general
de todos los valores cotizados.

Los criterios utilizados para
la selección de las acciones integrantes son: 1) orden decreciente de participación hasta
completar el 80% del volumen
negociado en el mercado contado en los últimos seis meses; 2) que existan operaciones en por lo menos el 80%
de las ruedas de los títulos
seleccionados.

Indice precio/valor libros

Establece la relación existente entre la cotización de la
acción y el valor nominal del
capital de cada sociedad según sus estados contables.

Inflación

Proceso ascendente y conti-
nuado del alza del nivel general de precios y la consecuente depreciación de la moneda.
Comúnmente se la asigna al
desequilibrio de tres variables:
el gasto público, la emisión
monetaria y el alza del salario.

"Insider trading"

Información privilegiada
que no fue difundida y cuyo
conocimiento genera ventajas
indebidas para el que las utiliza.

En muchos países existe legislación para prevenir o res-
tringir el uso inadecuado de
esa información en beneficio
propio. En nuestro país a los
efectos de evitar esas prácticas
nocivas de información confi-
dencial en provecho propio se
dictó la res. 190/91 de la CNV,
B.O. 7/1/92.

Instituto para la Integración de América Latina (INTAL)

Dependencia del BID para
la integración latinoamericana
establecida en 1964 para estu-
diar el proceso de integración
de América Latina bajo los aspectos económico, legal e institucional. El instituto se de-
dica a actividades de entrena-
miento, asesoría, información
e investigación.

Interés

Es el precio que un presta-
tario paga a un prestamista para conseguir una suma de dinero a utilizar durante un período determinado.

Inversor

Es aquel que invierte sus
recursos monetarios para ob-

tener beneficios mediante la realización de diferentes tipos de operaciones financieras.

"Joint venture"
Es la asociación de dos o más empresas con el propósito de lograr conjuntamente un objetivo empresarial determinado.

La Bolsa: revista de la Bolsa de Comercio de Bs. As.
En una publicación de interés general que tiene un perfil económico-financiero matizado con notas y críticas de arte. Aparece bimensualmente.

"Leasing"
Es el alquiler a largo plazo de un bien de capital con máquinas, instalaciones y los respectivos equipos, a sus fabricantes.

Ley de Convertibilidad
Véase **Convertibilidad del Austral.**

Ley de empleo
En la actualidad el capital de trabajo está reglamentado por la ley 24.013 y dec. reg. 2725/91 y 2726/91 que fijan las nuevas modalidades del contrato de trabajo, indemnizaciones por despido injustificado y regularización del empleo no registrado.

Ley penal tributaria
Mediante esta ley se trata de evitar y castigar una forma de delincuencia no convencional como lo es la evasión fiscal y previsional que atenta directamente contra el funcionamiento del Estado y del conjunto de la sociedad misma. Con ella se establece una tipificación de conducta incorporándola al Código Penal, donde se establecen penas que según la naturaleza del ilícito tributario llegan hasta los seis (6) años de prisión (ley 23.771, *B.O.* 27/II/90).

Liberalismo
Doctrina económica que garantiza el libre juego de las iniciativas individuales de los agentes económicos. Por parte del Estado solamente existen algunos mecanismos de regulación.

Línea de tendencia
Uniendo los mínimos de una acción con una regla se traza la línea de tendencia. La ruptura de esta línea señala cambios fundamentales en la dirección de la misma. La ruptura por debajo de una línea de tendencia ascendente es bajista, la ruptura por encima de una línea descendente es alcista.

Liquidez

Exceso de dinero circulante en el mercado que permite sobre todo a las entidades financieras del sistema cumplir sin mayores problemas sus obligaciones referidas al encaje bancario y el efectivo mínimo del organismo.

Este exceso de circulante normalmente se canaliza mediante inversiones en el mercado de capitales.

Llamado a plaza

La situación más conocida para la realización del llamado a plaza es cuando se producen oscilaciones en un papel en más o en menos por arriba de un determinado porcentaje, en la actualidad el primer llamado es al 10% y el límite 15% para valores con cotización diaria. En el momento en que una acción realiza el llamado por aumento del 15% deja de transarse, quedando con apertura libre para el día siguiente.

Existen también el llamado a plaza para la negociación de títulos valores que sean de poco mercado o que lleven un mes o más sin cotizar. Existen casos en el que el director de semana lo dispone (Circular Nº 3091 del MERVAL).

Mandatario

Es aquella persona a la cual un agente de bolsa autoriza y habilita para que lo pueda reemplazar en su función específica ejerciendo sus mismos derechos y obligaciones.

Marca

Emblema o denominación representativo de un producto. Pueden estar registradas como marcas distintivas de productos y servicios una o más palabras sin contenido conceptual, dibujos, emblemas, sellos, grabados, combinaciones de colores aplicadas en un lugar determinado de los productos, envases, letras y números por su dibujo especial y los relieves con capacidad distintiva así como todo otro signo con tal capacidad (ley 22.362, *B.O.* 2/I/81 y dec. 558/81).

Mercado

Lugar en que se desarrollan los contratos de compra-venta o alquiler de bienes, servicios o capitales y el conjunto de operaciones que se efectúan en ese ámbito.

Mercado a Término de Buenos Aires S.A.

Tiene por objeto registrar los contratos de compraventa inmediata, a término, de futuro y opciones sobre productos y subproductos del reino animal, mineral o vegetal u otros activos o instrumentos o índi-

ces representativos (art. 2º,
Estatuto). (Legislación dec.
6589, *B.O.* 26/IX/72 y dec. 600
/92, *B.O.* 8/IV/92 y res. 194/
92, CNV, *B.O.* 21/II/92.

Autoridades:
Presidente: David Vázquez
Vicepresidente: Martín P. Beloqui
Secretario: Oscar O. Degiorgi
Tesorero: Eduardo P. Chan
Dirección: Bouchard 454, Cap. Fed.

Ver Agentes de Mercado a
Término en Guía de Inversiones, pág. 61.

Mercado Abierto Electrónico (MAE)

El Mercado Abierto está
integrado por ciento setenta y
dos agentes que corresponden
a bancos privados nacionales
y extranjeros, cooperativas y
casas de cambio que se encuentran conectados por un
sistema informático.

Fundamentalmente es una
operatoria mayorista realizada
con títulos públicos y en menor porcentaje con títulos valores privados.

El MAE está reconocido jurídicamente por la res. 121 de
la CNV del 18/XII/87 e inició
sus actividades el 6/III/89. En
la res. 121 se dan las normas a
las que tendrá que ajustarse el
MAE en lo relacionado a su
operatoria, transparencia, seguridad y publicidad de sus
operaciones. La res. 147/90,
CNV (*B.O.* 7/VIII/90) avala la
competencia y operatoria del
MAE.

Mercado Común del Sur (MERCOSUR)

Mercado común constituido por Argentina, Brasil, Paraguay y Uruguay que deberá
estar conformado al 31/XII/
94. Tiene por objetivos la libre
circulación de bienes, servicios
y factores productivos entre
los países, a través de la eliminación de los derechos aduaneros y restricciones no arancelarias a la circulación de
mercaderías y de cualquier
otra medida equivalente (art.
1º de los Propósitos, Principios e Instrumentos).

Mercado de Futuros y Opciones S.A. (MERFOX)

Sus actividades se iniciaron
el 3 de julio de 1991, con un
horario de rueda inicial de
15.15 a 15.45 horas. Está integrado por trescientos cincuenta acciones nominativas no endosables, que facultan al titular
a postularse como operador.

Los instrumentos negociados en este mercado son contratos de futuro y de operaciones sobre futuro. El primer
producto sobre el que se negociaron estos instrumentos en
el MERFOX es el denominado
Indice novillo terminado Liniers. Los meses de contrato

susceptibles de negociación son: enero, marzo, mayo, julio, setiembre, octubre y noviembre.

El mercado adjudicó cincuenta puestos de agentes u operadores (dec. 2284/91 y res. 194/92, CNV, *B.O.* 21/XII/92).

Autoridades:
Presidente: Ing. Ricardo A. Lanusse (h)
Vicepresidente: Dr. Alfredo Ferreira Lamas
Vicepresidente 2º: Sr. Carlos Oliva Funes
Domicilio: Sarmiento 299 - 4º piso, of. 460 (CP 1553) - Tel.: 312-5141/3679 - 311-1541.

Ver nómina de Agentes del MERFOX en Guía de Inversiones, pág. 62.

Mercado de Valores de Buenos Aires

Institución que fija los requisitos y condiciones que deben cumplir las sociedades y agentes de bolsa que agrupa.

Reglamenta las operaciones que realizan los agentes de bolsa, de los que lleva su registro y a los que capacita y toma examen de idoneidad.

Instrumenta, regula y coordina los diversos aspectos de las transacciones del mercado, así como de las condiciones y plazos de pago.

Su capital social está representado por doscientos cincuenta (250) acciones escriturales.

La administración del Mercado está compuesta por un directorio de nueve (9) miembros titulares y seis (6) suplentes.

Autoridades
Presidente: Sr. Alberto C. Alvarez
Vicepresidente: Dr. Horacio J. Parga
Secretario: Sr. Eduardo V. Bagnardi
Tesorero: Lic. Raúl A. Fabbiani
Dirección: 25 de Mayo 359, 9º piso, (1353) Buenos Aires - Tel.: 313-6021/4952/5552/5099, Fecha de fundación: 5-III-1929

Mercado global de capitales

Es la internacionalización de los mercados de valores que traspasan las fronteras de los países gracias al impacto de las nuevas tecnologías informáticas que permiten la negociación en distintas bolsas de comercio del mundo.

Mercado ofrecido

Es aquel en el cual la oferta de títulos valores prevalece sobre la demanda y como consecuencia se presenta una tendencia a la baja en los precios.

Mercado sobrecomprado

Véase **Sobrecomprado.**

Mercado sobrevendido

Véase **Sobrevendido.**

Mercados emergentes

Denominación utilizada para los mercados de países en los que después de formular reformas económicas, logran estabilidad y crecimiento. Las inversiones en estos mercados de valores tienen comúnmente mayor rentabilidad que las realizadas en los mercados tradicionales a nivel mundial.

En América Latina están considerados como mercados emergentes los de México, Chile, Argentina y Brasil.

Minuta

Es el formulario que los agentes de bolsa utilizan en el recinto de operaciones para asentar las operaciones realizadas con sus pares y derivarlas a los puestos del sistema de información bursátil para que las mismas se vean luego reflejadas en la operatoria diaria en tiempo y forma.

Moneda

Conjunto de billetes que representan el dinero circulante de curso legal en un país.

En nuestro país el dec. 2128 /91 reemplazó a partir del 1º de enero de 1992 la denominación y expresión numérica del austral por la de PESO con paridad de 1 peso equivalente a 10.000 australes en la unidad monetaria.

Obligaciones convertibles

Son títulos por cuyo medio las sociedades realizan empréstitos a mediano o largo plazo. El titular de esas obligaciones convertibles tiene la posibilidad de cancelar por anticipado esa obligación mediante la suscripción de acciones o ejercer las mismas en su función de acreedor considerando la evaluación de la renta a obtener. Están exentas de impuestos de sellos y a la transferencia de títulos valores (ley 23.962, *B.O.* 6/VIII/91).

Obligaciones negociables

Son títulos que documentan obligaciones contraídas, emitidas por una sociedad por un monto de capital determinado por los que esa empresa obtiene un empréstito a mediano o largo plazo para el desarrollo de proyectos de inversión. La ley fija un plazo mínimo de dos (2) años en su amortización.

Están exentas del impuesto al IVA, ganancias, de sellos y sobre la transferencia de títulos valores (ley 23.576, dec. 156/89 y ley 23.962, *B.O.* 6/VIII/91).

Oferta pública

Pueden realizar oferta pública de títulos valores las sociedades que las emitan y las personas físicas o jurídicas inscriptas y autorizadas en el registro que lleva la CNV.

Se considera oferta pública la invitación que se hace en general para realizar cualquier acto jurídico con títulos valores efectuada por los emisores o por un intermediario debidamente autorizado para su comercio (ley 17.811, Cap. II).

Opciones

Véase **Operaciones de opción.**

Operaciones a plazo

Son aquellas que concertadas se liquidan en un período de tiempo superior al de contado. Se deben constituir garantías a satisfacción para la realización de las mismas según lo estipule el mercado de valores.

Operaciones de caución

Son operaciones mediante las cuales un poseedor de títulos valores puede obtener fondos depositándolos en caución bursátil. Esta modalidad está regulada por un aforo determinado en relación directa con el plazo de la transacción.

Para la realización de estas operaciones cada agente o sociedad de bolsa tiene un límite global por acciones de $ 750.000 (Circular Nº 3097, MERVAL).

Operaciones de contado

Son todas aquellas que se conciertan para ser liquidadas dentro de los cinco (5) días hábiles bursátiles. Las operaciones pueden ser de: contado inmediato, 24, 72 y 120 horas en títulos públicos y privados. Las operaciones de 120 horas son las consideradas como las más comunes de acuerdo al actual uso y costumbre bursátil (Circular Nº 3093 del MERVAL, 27/II/92).

Operaciones de opción

La opción es un contrato que otorga derechos sobre títulos al que suscribe, en carácter de comprador, que le permite comprarlos o venderlos en el futuro a un precio determinado. Lo que garantiza ese derecho es una operación de compra o venta, previo pago de una prima a la celebración del contrato.

El lanzador, poseedor de los títulos y beneficiario de la prima, es el que asume la obligación de garantizar el derecho del comprador de hacer uso de su opción de compra o venta, según el caso.

El lanzamiento en la Bolsa de Comercio de Buenos Aires se puede efectuar sobre series expresamente autorizadas por el MERVAL. Los vencimientos de las series de acciones es el día 15 de los meses pares o en su defecto el día hábil anterior. La liquidación de las primas en acciones se harán efectivas en un plazo de 120 horas a partir del vencimiento de agosto de 1992 (Circular N° 3106, MERVAL).

Ordenes

Son las instrucciones que el comitente da a su agente de bolsa en función de la operación de compra o venta que quiera realizar de determinada especie. En ellas el comitente le puede indicar los precios mínimos y máximos en los que puede "calzar" la operación, así como su modalidad: contado inmediato, 24, 72 o 120 horas.

Organización de Estados Americanos (OEA)

El documento fundacional de esta organización, la Carta de Bogotá, se firmó en la 9° Conferencia Internacional de los Estados Americanos celebrada en 1948. La OEA posee como estructura una asamblea general; la reunión de consulta de ministros de relaciones exteriores; el consejo permanente; la secretaría general y organismos especializados.

Orocat

Son títulos en australes ajustables según la cotización del oro emitido por el gobierno de Catamarca. Es un título cotizable en bolsas y mercado de valores del país. Se encuentran exentos del impuesto a las ganancias (ley 4568, *B.O.* 12/XII /89 y dec. 827/90, *B.O.* 9/V/ 90, pcia. de Catamarca).

Pagaré

Título representativo de un crédito que una persona que lo emite se obliga a pagar en un determinado plazo o a su presentación al titular o tenedor del documento.

Papel

Nombre con el que comúnmente se hace referencia a un valor público o privado.

PER

Véase **Relación Precio/Ganancia.**

Plan Brady

Iniciativa ideada por Nicholas Brady, Secretario del Tesoro de los EE.UU., para que el Banco Mundial, FMI, BID y otras instituciones oficiales y privadas apoyen financieramente la reestructuración de la deuda externa de un país por el que éste regulariza su situación financiera internacional.

El plan se basa en privatizaciones de empresas del Estado pagadas con bonos de la deuda, desregulaciones económicas y un severo ajuste fiscal.

Este proceso genera beneficios en inversiones de desarrollo, nuevos créditos y el cumplimiento de las metas fiscales que garanticen la amortización y el pago de intereses de la deuda refinanciada.

Plaza

Ambiente donde se refleja la amplitud, características y tendencia de la oferta y demanda en general y en particular de un determinado papel.

Portafolio

Véase **Cartera**.

Presentación de estados contables

Según la res. 195/92 de la CNV, *B.O.* 10/III/92, los actuales términos para la presentación de los balances para las sociedades con oferta pública son: ejercicios anuales, dentro de los noventa (90) días corridos; a partir del 30/VI/93 inclusive dentro de los setenta (70) días corridos.

Estados contables trimestrales, dentro de los cincuenta (50) días corridos; a partir del 30/IV/93 inclusive dentro de los treinta y cinco (35) días corridos.

"Ratio" bursátil

Indice que expresa la relación entre dos elementos de una empresa para valorar por comparación.

Relación precio/ganancia (PER)

Relación existente entre el precio de una acción y las ganancias por participación que expresan el beneficio total anual de una empresa dividido por el número de participaciones a pagar.

Resistencia

Zona por la que transita una acción en recuperación. Cuantas más veces es transitada esta área de resistencia más clara es la señal de alza si esa zona de resistencia es superada.

Rueda

Denominación que se da al espacio físico de la Bolsa de Comercio donde se realizan las operaciones de compraventa de títulos valores.

En la Bolsa de Comercio de Buenos Aires el horario diario de rueda es de 11 a 15 horas.

Rueda reducida

Es en la que se incluye a aquellas sociedades que no dieron cumplimiento a alguno de los articulados fijados por la Bolsa de Comercio en su Reglamento de cotización de títulos valores.

"Securitization"
Véase **Titularización**.

Síntesis bursátil: indicadores

Publicación mensual de la Bolsa de Comercio de Bs. As. donde se desarrolla en forma de cuadros estadísticos la evolución del mercado de un determinado mes.

En ella se obtienen también los montos negociados en pesos, el valor libro de las sociedades, resultado del último balance, capital y patrimonio neto de las empresas, como así también los dividendos y capitalización propuestos o aprobados y pendientes de pago.

Sobrecomprado

Se dice acerca del nivel de precio del mercado en conjunto después de un período intenso de compra. Se puede entender que luego los precios requieren un período bajista o de equilibrio.

Sobrevendido

Es un movimiento en el cual el nivel de precios se ha infravalorado. Se puede entender que luego los precios se recuperarán a través de un período alcista o de equilibrio.

Sociedad

Se constituye por un contrato en el cual dos o más personas ejecutan una actividad comercial en común, distribuyéndose ganancias y pérdidas en relación directa al convenio preexistente.

Sociedad accidental o en participación

Su objeto es la realización de una o más operaciones determinadas y transitorias a cumplirse mediante aportes comunes. No es sujeto de derecho y carece de denominación social.

Sociedad anónima

En este tipo de sociedad todas las partes son representadas por acciones negociables y los socios limitan su responsabilidad a la integración de las acciones suscriptas. Sus órganos de gestión son el Directorio, la Asamblea, la Sindicatura y el Consejo de Vigilancia.

Sociedad comercial

Se constituye cuando una o más personas organizadas conforme a alguno de los tipos previstos en la ley se obligan a realizar aportes para aplicarlos a la producción o intercambio de bienes o servicios, participando de los beneficios y soportando las pérdidas (art. 1º, ley 19.550, modificada por ley 22.903).

Sociedad de capital
El aporte de los socios en esta es de dinero.

Sociedad de familia
Está constituida por personas unidas por vínculos familiares.

Sociedad de hecho
Es aquella que funciona sin haberse instrumentado en un contrato por escrito.

Sociedad de responsabilidad limitada
Sociedad comercial cuyo capital está integrado por cuotas y se constituye bajo una razón social. La responsabilidad patrimonial de cada integrante se limita a su aporte societario.

Sociedad en comandita simple
Sociedad en la que uno o varios socios asumen la responsabilidad de la gestión societaria con todos los bienes que tienen e integran su patrimonio.

Sociedades calificadoras de riesgo
Nueva figura jurídica creada para evaluar los potenciales riesgos que presentan las sociedades cotizantes en función de la oferta pública de sus acciones.

El registro de las sociedades calificadoras es realizado por la CNV, donde después de la elevación de sus antecedentes de idoneidad e incompatibilidades son inscriptas.

La evaluación del riesgo societario de cada empresa cotizante se realiza analizando sus estados financieros y comprendiéndolas en diferentes categorías según su nivel de riesgo. Esta información es divulgada cumpliendo con el derecho de información que poseen los accionistas (dec. 656/92 y res. 197/92, CNV, *B.O.* 12/V/92).

Sociedades de economía mixta
Estas empresas adoptan la forma de S.A. en las que el Estado participa mayoritariamente asociado con terceros, lo que le garantiza el control de los órganos societarios.

Socio
Es aquel que participa en la fundación de una sociedad o se integra a ella después de adquirir una parte social o acciones de la misma. Tiene sus derechos y obligaciones de acuerdo a lo instrumentado en el estatuto social.

Soporte
Zona en la que normalmente se estabiliza un título que

ha estado descendiendo. Es como un piso en el que después tendría que darse el rebote alcista.

"Standy By"

Acuerdo entre el FMI y un país miembro que autoriza a girar durante un determinado plazo de tiempo un cierto importe de divisas.

Superávit fiscal

Recaudación impositiva y previsional superior a los gastos del Estado.

Suscripción

Nueva emisión de acciones efectuada por una empresa para captar fondos del mercado bursátil

"Swap"

Acuerdo bilateral de crédito, entre autoridades monetarias, relativo a operaciones concertadas de compra o venta de divisas al contado contra la venta o compra de divisas a futuro.

Teoría de Dow

Está fundamentada para poder expresar la tendencia general del mercado tomando algunas acciones representativas en función de obtener el precio promedio.

La Teoría de Dow tiene en cuenta solamente los precios de cierre sin importarle los extremos de máximos y mínimos de la rueda.

Termobonos

Estos títulos fueron emitidos a siete (7) años de plazo por la provincia de Buenos Aires con el objeto de obtener financiación para la construcción de la Central Termoeléctrica Comandante Luis Piedrabuena.

Cotizan en las bolsas y mercado de valores del país. Gozan de los beneficios de exención impositiva para la provincia de Buenos Aires (ley 10.396 y dec. 9103, pcia. de Buenos Aires).

Titularización

De este modo se expresa la tendencia hacia la sustitución de las formas tradicionales de crédito bancario por activos incorporados a títulos valores negociables. Es el proceso de desintermediación financiera que repercute en el proceso de movilización de carteras. La titularización conduce a generar un aumento de la oferta de papeles en el mercado bursátil. El proceso de desintermediación financiera en una empresa se presenta cuando ésta tiene necesidad de financiación y decide optar por la emisión y colocación de títulos en el mercado en lugar de recurrir a las entidades financieras para satisfacer sus necesidades de caja.

Títulos ajustables del Gobierno nacional. Tipo de cambio (TINAC) (TACAM)

Emitidos por el Poder Ejecutivo por dec. 256/87 y com. B-2489, BCRA, con el objeto de atender erogaciones de deuda pública.

Tienen exenciones tributarias y cotizan en bolsas y mercados de valores del país. Su plazo de amortización es de uno (1) a cinco (5) años.

Títulos de ahorro vitivinícola de Mendoza (TIVI)

De acuerdo a las leyes provinciales 5284 y 5496, *B.O.* 1/II/88, provincia de Mendoza, se autoriza a emitir títulos de la deuda pública provincial. Están exentos del impuesto a los sellos. Se cotizan en bolsas y mercados de valores del país.

Títulos públicos

Son títulos emitidos por el Estado Nacional o gobiernos provinciales a los efectos de captar fondos frescos sin acudir a la emisión para salvar situaciones de caja, cumplir con los proveedores y contratistas del Estado o a los efectos de proyectos de inversión.

Estos títulos tienen la máxima garantía, ventajas impositivas y buen rendimiento en tasas de interés, además de poder transferirse rápidamente por medio de bolsas y mercados de valores y del Mercado Abierto Electrónico.

Títulos valor vivienda (VAVIS)

Los VAVIS fueron emitidos por el Banco de la Provincia de Buenos Aires, con el objetivo de reunir fondos para financiar préstamos para la construcción y compra de viviendas. Estos títulos cotizan en bolsas y mercados de valores del país. Tienen exención de impuestos. Se emitieron diferentes series.

Tribunal de arbitraje general de la Bolsa de Comercio

Es el que procura la solución rápida y amigable de los litigios de carácter mercantil a través de un procedimiento sencillo, correspondiéndole el conocimiento de toda cuestión que surja de la interpretación y cumplimiento de los actos, contratos y operaciones de comercio en las cuales su intervención es pactada expresamente.

El Tribunal de Arbitraje está integrado por los siguientes miembros:

Presidente: Dr. Jaime Luis Anaya
    Dr. Jesús Vázquez Ger
    Dr. Lino Enrique Palacio
Dirección: Sarmiento 299, 4º piso, of.
    419 - Tel.: 312-5267.

"Trust"

Agrupación de sociedades o accionistas de una misma empresa que adquirieron la posibilidad de un monopolio dentro de una actividad económica.

"Underwriting"

Contrato por el cual una empresa financiera actúa como intermediaria para garantizar o prefinanciar la colocación de nuevas emisiones de títulos que realiza una sociedad por acciones.

Unión Industrial Argentina (UIA)

Autoridades:
Presidente: Sr. Israel Mahler
Vice 1º: Ing. Héctor Massuh
Vice 2º: Dr. Patricio Zavalía Lagos
Vice 3º: Ing. Gilberto Montagna
Vice 4º: Dr. Hugo D'Alessandro
Secretario: Dr. Manuel Herrera
Tesorero: Ing. Federico Kindgard
Dirección. Av. Alem 1067, 10º y 11º
    pisos - Tel.: 311-6188/8429
    /9399 - 313-2561/2611

Valor efectivo

Es la valuación bursátil. Se determina en razón del libre juego de la oferta y la demanda.

Valor libros

Es el valor resultante de dividir el patrimonio por la cantidad de acciones emitidas por una sociedad.

Volumen negociado

Se considera al que se realiza en una rueda de operaciones. Existen dos tipos de volúmenes: el nominal, que es la cantidad de acciones negociadas en el día, y el efectivo, que corresponde al valor negociado en pesos.

En el análisis bursátil sirve como indicador relativo para referenciar la apertura del mercado del día siguiente.

Voto

Derecho del que hacen uso en las asambleas los tenedores de las diferentes categorías de acciones habilitadas estatutariamente a tal efecto.

"Warrants"

Operatoria que permite a los sectores agrícolas, mineros, industriales y comerciales obtener créditos entregando mercaderías en garantía que se depositan en almacenes y que se constituyen en aval de los créditos. En el país la ley 9643 regula esta modalidad.

GUIA DE INVERSIONES

AGENTES DE MERCADO
A TERMINO

Agroconal S.A.C.,
  Lavalle 392, Tel. 393-2417
Agropol S.A.,
  L. N. Alem 424, Tel. 312-4881
Amycer S.A.,
  Rivadavia 611, Tel. 342-2976
Argencor S.R.L.,
  Tucumán 335, Tel. 312-9538
Bujan Cereales S.A.,
  Lavalle 391, Tel. 325-7121
Capdevielle Kay y Cía. S.A.,
  Tucumán 141, Tel. 311-5080
Cereales Cerpen S.A.,
  Tte. Gral. J. D. Perón 683, Tel. 326-0148
Cercaltaim S.A.,
  Corrientes 1145, Tel. 35-8416
Chan, Jaimovich y Cía., S.R.L.,
  25 de Mayo 431, Tel. 311-0257
Cía. Gral. de Cereales S.A.,
  25 de Mayo 277, Tel. 342-3431
Cortina Beruatto S.R.L.,
  Corrientes 544, Tel. 322-8309
Chasco D'Anna y Cía. S.R.L.,
  Sarmiento 347, Tel. 325-1650
De la Nava y Cía. S.A.,
  Lavalle 391, Tel. 393-8555
Dukarevich S.A.,
  Florida 336, Tel. 325-4651
Elegir S.A.,
  Sarmiento 580, Tel. 394-1913
Frenteagro S.A.,
  L. N. Alem 424, Tel. 311-4924
Cogna y Cía. S.R.L.,
  Lavalle 391, Tel. 393-2491
Goñi y Cía. S.C.A.,
  San Martín 663, Tel. 312-4141

Granar S.A.C.F.,
  Corrientes 222, Tel. 311-9291
Granicor S.A.,
  Tucumán 335, Tel. 312-9133
Granimex S.A.,
  Tucumán 320, Tel. 313-8989
Granobel S.C.C.,
  25 de Mayo 267, Tel. 343-9980
Granocom S.A.,
  San Martín 575, Tel. 322-7564
Grimaldi Grassi S.A.,
  Reconquista 522, Tel. 393-2313
Ibarbia & Mignaquy,
  Lavalle 437, Tel. 393-9874
Intercereales S.A.,
  Lavalle 166, Tel. 313-1720
Intergranos S.A.,
  Bouchard 468, Tel. 311-1149
Jalce Cereales S.R.L.,
  Corrientes 534, Tel. 394-3253
Jovicer S.A.,
  L. N. Alem 734, Tel. 313-7290
Lanusse P. y A. S.A.,
  San Martín 240, Tel. 331-0800
Larrea y Cía. S.R.L.,
  Tucumán 335, Tel. 312-4745
Loipon S.A.,
  Carabelas 281, Tel. 381-2514
Mercados S.A.,
  25 de Mayo 350, Tel. 313-6111
Monfort y Cía. S.A.,
  Belgrano 615, Tel. 343-8444
Moresco y Díaz Riganti S.R.L.,
  L. N. Alem 822, Tel. 312-6581
Morgan, Carlos S.A.,
  Sarmiento 212, Tel. 331-8859
Motelerre S.A.,
  B. Mitre 734, Tel. 342-1986
Mousseaud Cereales,
  Sarmiento 348, Tel. 331-6874

Nari Cereales S.R.L.,
Corrientes 127, Tel. 312-2776
Negociar S.A.,
Esmeralda 718, Tel. 322-9480
Panagrícola S.A.,
25 de Mayo 356, Tel. 311-7968
Pedra González,
25 de Mayo 267, Tel. 342-6890
Piacentino Ltda. S.A.,
25 de Mayo 332, Tel. 325-2800
Puggioni, Rubén O. S.A.,
San Martín 551, Tel. 394-4168
Sincol S.A.C.I.F.I.A,
25 de Mayo 158, Tel. 311-1531
Subycer S.A.,
San Martín 683, Tel. 313-2093
Tazmia S.R.L.,
25 de Mayo 758, Tel. 312-5798
Villahoz, Carlos A. S.R.L.,
Lavalle 166, Tel. 311-9540
Virgilio y Cía. S.R.L.,
Alsina 292, Tel. 331-6969
Zeni, Enrique R. y Cía. S.A.,
Sarmiento 453, Tel. 394-1337

AGENTES DE MERFOX

Aldazábal y Cía.,
Reconquista 379, 6º p., of. 601,
Tel. 394-4613
Allaría Ledesma, Ernesto,
Sarmiento 348, entre piso,
Tel. 331-4753
Bacqué, Héctor,
L. N., Alem 465, 3º p., of. E,
Tel. 311-1300
Bagnardi Morgan Futuros,
Sarmiento 212, 2º p.,
Tel. 331-8859
Bagnardi, Eduardo,
Sarmiento 643, 3º p., of. 320,
Tel. 325-7972
Baires,
San Martín 215, Tel. 394-5851

Banco Medefin,
25 de Mayo 526, Tel. 311-3425
Banco Mildesa,
25 de Mayo 544, 4º p.,
Tel. 313-0110
Banco Roberts,
25 de Mayo 258, 3º p.,
Tel. 342-0061
Baymor,
Sarmiento 459, 8º p.,
Tel. 394-1518
Besfamille & Cía,
Sarmiento 412, 5º p.,
Tel. 394-0396
Cargill,
L. N. Alem 928, Tel. 313-4114
Chapto y Cía.,
Reconquista 520, 3º p.,
Tel. 393-7143
Cirillo, José,
25 de Mayo 347, 5º p., of. 532,
Tel. 313-9926
Coluccio, Alejandro,
L. N. Alem 428, 6º p.,
Tel. 312-1376
Consultatio Bursátil,
San Martín 140, 19º p.,
Tel. 343-8202
Corsiglia, Luis,
Corrientes 456, 19º p., of. 193,
Tel. 394-7703
Créditos Luro,
25 de Mayo 550, Tel. 313-8227
Cía. General de Cereales,
25 de Mayo 277, 7º p.,
Tel. 334-4477
De Barby, Eugenio,
Lavalle 381, 1º p.,
Tel. 325-9672
Difco Trade,
Lavalle 166, 6º p., of. C,
Tel. 311-1270
Elizalde-Monasterio,
25 de Mayo 277, 6º p.,
Tel. 342-3755

Erario Bursátil,
Reconquista 458, 6º p.,
Tel. 334-6585

Finansur,
San Martín 558, 1º p.,
Tel. 325-9762

Fiorito, Marcelo,
R. S., Peña 547, 7º p.,
Tel. 343-6011

Futures Services,
Reconquista 656, 2º p., of. B,
Tel. 312-7222

Gálvez, Roberto,
25 de Mayo 252, 8º p.,
Tel. 343-5828

Interacciones,
San Martín 323, 20º p.,
Tel. 325-6613

Intervalores,
Reconquista 144, 6º p.,
Tel. 343-7079

Lanzillotta, Gustavo,
Suipacha 72, Tel. 35-8235

Massera, Eduardo,
Reconquista 458, 9º p.,
Tel. 394-5433

Maxinta,
Sarmiento 570, Tel. 325-5878

Montelatici, Hugo,
25 de Mayo 347, 6º p., of. 616,
Tel. 313-8863

Moranchel, Carlos,
San Martín 390, 1º p.,
Tel. 325-5070

Orlando, Miguel Angel,
Florida 780, 5º p.,
Tel. 394-7773

Parga, Horacio,
25 de Mayo 432, 6º p.,
Tel. 313-6329

Pedro y Antonio Lanusse,
San Martín 240, Tel. 331-0800

Peralta Ramos, Fernán,
Florida, 537, 7º p.,
Tel. 322-1322

Quil Burs,
Tte. Gral. J. D. Perón 564, Tel.
331-8110

Schweber, José,
25 de Mayo 347, 3º p., of. 346,
Tel. 313-3532

Segura, Eduardo,
Corrientes 484, 7º p.,
Tel. 325-3844

Slotnisky, Elías,
San Martín 627, P.B.,
Tel. 322-6382

Extrader Capital Market,
Tucumán 540, 28º p., of. H,
Tel. 325-3470

Tarso S.A.,
25 de Mayo 252, 2º p., of. 25,
Tel. 342-2575

Teuly, Carlos,
San Martín 140, 23º p.,
Tel. 331-2717

Tutelar Bursátil,
Sarmiento 356, 3º p.,
Tel. 334-4501

Títulos Valores,
Corrientes 457, 11º p.,
Tel. 394-4170

Univalores,
25 de Mayo 459, Tel. 312-7370

Vallejo y Cía.,
25 de Mayo 277, 11º p.,
Tel. 342-5817

Vinante, Eduardo,
H. Yrigoyen 434, 6º p., of. 1,
Tel. 334-3951

CAMARA ARGENTINA DE FONDOS COMUNES DE INVERSION

NOMINA DE ENTIDADES ASOCIADAS

Argenbond
Castro Corbat Mand. y Fciera. S.A.

Florida 141, 1º p., Tel. 342-
7135/7204/7302

Atlas
Banco Popular Argentino
Tucumán 540, 9º p., Tel. 325-1411

Bullco
Bullrich S.A. de Inversiones
Reconquista 371, 1º p., Tel. 394-
2411/5222

Cardinal
MBA Cía. Financiera S.A.
Corrientes 311, 1º p., Tel. 313-
5646/9207/1826

Citinver
Citibank N.A.
San Martín 140, 12º p., Tel. 343-
1877/1940

Columbia
Banco de Crédito Argentino
Chacabuco 90, 9º p., Tel. 334-
1181/91, int. 4131

Cruz del Sur
Crédito Luro Cía. Fciera.
25 de Mayo 552, 1º p., Tel. 313-
8227/8388

Cuyano
Banco de Previsión Social
Corrientes 554, P.B., Tel. 394-
1953

Delval
Banco Río de la Plata
25 de Mayo 375, of. 502, Tel. 313-
1836

Federal
Banco Federal Argentino
Sarmiento 447 5º p., Tel. 394-
1011, Int. 2580

F.I.A.
Banco Tornquist
Sarmiento 412, 3º p., of. 301, Tel.
394-0091/9918

F I M A
Banco de Galicia y Buenos Aires
Tte. Gral. J. D. Perón 444, 2º p.,
Tel. 394-7080, int. 4605

Financiero
Banco Financiero Argentino
Sarmiento 731, 8º p., Tel. 325-
9511

Fingonar
Banco Francés del Río de la Plata
Tte. Gral. J. D. Perón 362, 1º p.,
Tel. 342-5390

Hispano Suizo
Castro Corbat Mand. Fciera S.A.
Florida 141, 4º p., Tel. 342-
7135/7204/7302

Independiente
Banco Independencia Coop.
Ltado.
Córdoba 1330, 6º p., Tel. (041)
25-4130/4243 (Rosario)

Industrial
S.A.D.E.L.A.
25 de Mayo 432, 10º p., Tel. 313-
6450/8920

Italfond
Banco Austral
25 de Mayo 552, 1º p., Tel. 313-
8227/8398

La Reconquista
Banco Roberts S.A.
25 de Mayo 258, 3º p., Tel. 342-
0061/9, int. 754

Litoral
Banco de Entre Ríos S.E.M.
Tte. Gral. J. D. Perón 445, P.B.,
Tel. 394-6080/4107

Lyonnais
Banco Tornquist
B. Mitre 559, 8º p., of. 825, Tel.
343-2931

Marinver
Banco Mariva

San Martín 299, 4º p., Tel. 394-
7571/9, int. 290
1 7 8 4
Banco Boston Inversora S.A.,
Sarmiento 539, 10º p., Tel. 393-
7835/7846
Nuevo
Banco Mercantil Argentino
25 de Mayo 359, 18º p., Tel. 312-
0739/6625
Numancia
Banco de la Ciudad de Bs As.
Reconquista 144, 7º p., Tel. 343-
6946/53/69
Quilmes
Banco de Quilmes
Tte. Gral. J. D. Perón 555, 3º p.,
of. A, Tel. 331-8110/19
Rentamas
Banco Multicrédito S.A.
Buenos Aires 27, 2º p., Tel. 313-
7159 - (Mendoza)
Rioplatense
Banco de Quilmes
25 de Mayo 267, 7º p., Tel. 343-
3804/7585
Unifond
Unibon S.A.
Florida 375, 5º p. "D", Tel. 325-
5295/99
Univalor
Banco Baires S.A.
San Martín 215, P.B., Tel. 325-
8544/8
Valores
Banco de Valores S.A.
Reconquista 379, PB, of. 10, Tel.
394-3837
25 de Mayo
Banco Roberts S.A.
25 de Mayo 358, 3º p., Tel. 342-
0061/9, int. 3754
Victoria
Banco Mayo Coop. Ltdo.
Sarmiento 722, 2º p., Tel. 396-
1473/2045

AGENTES DEL MERCADO ABIERTO ELECTRONICO S.A.

1.	Bullrich S.A.
4.	Banco Roberts S.A.
5.	Banco Baires S.A.
11.	Baupesa S.A.
19.	Banco Interfinanzas S.A.
28.	Banco de la Provincia de Córdoba
29.	Banco Israelita de Córdoba
37.	Banco de Galicia y Buenos Aires S.A.
38.	Banco de Boston S.A.
41.	Lloyds Bank S.A.
43.	Banco Tornquist S.A.
46.	Besfamille, Galli y Cía. S.A.
48.	Banco Velox S.A.
101.	Banco de Crédito Argentino S.A.
105.	Banco Francés del Río de la Plata S.A.
107.	Citibank S.A.
108.	Banco Feigin S.A.
110.	Casa Piano S.A.
111.	Ripco S.A.
113.	Financiaciones y Mandatos S.A.
116.	Oscar Quiroga y Cía.
120.	Banco Supervielle S.A.
130.	Banco Shaw S.A.
132.	Cambio América S.A.
139.	Maxinta S.A.
141.	Banco Río de la Plata S.A.
142.	Banco Mariva S.A.
146.	Barujel S.A.
148.	Banco Asfin S.A.
150.	Banco Nacional de Desarrollo
152.	S.A.D.E.L.A.
153.	Unibon S.A.
156.	Intercam S.A.
163.	Deutsche Bank S.A.
164.	Banco General de Negocios S.A.
168.	Cambios Mercurio S.A.

64 DANIEL A. FILIPINI

169. Banco Sudameris S.A.
178. Argemofin S.A.
179. Banco Federal Argentino S.A.
189. Banco Popular Argentino S.A.
192. Cambios Norte S.A.
195. Banco de la Provincia de Jujuy
197. Banco de la Provincia de Buenos Aires
208. Teuly S.A.
212. Banco de La Pampa
217. Casa Bell S.A.
220. Tutelar Compañía Financiera S.A.
225. Banco República S.A.
229. Banco Mercantil Argentino S.A.
231. Banco Unibanco S.A.
235. Banco Quilmes S.A.
237. Banco Santander S.A.
244. Banco Social de Córdoba
246. Banco Florencia S.A.
253. Banco Coop. de la Plata Ltdo.
254. Pardo Rabello y Cía. S.A.
255. Banco Morgan S.A.
256. Banco Medefin S.A.
268. Banco Municipal de Rosario
272. Banco Multicrédito S.A.
273. Corporación Metropolitana de Finanzas S.A.
274. Argenbonex S.A.
282. Banco Holandés Unido S.A.
286. Exprinter Banco S.A.
287. Valfimba S.A.
288. B.E.A.L S.A.
290. Banca Nazionale del Lavoro
291. J. E. Brea y Cía. S.A.
295. Erario S.A.
297. Banco de Crédito Comercial S.A.
299. Puente S.A.
300. Extrader S.A.
301. Finvercom S.A.

302. Banco Inversora S.A.
304. Banco de Crédito Provincial Bs. As.
308. Citicorp y Río S.A.
312. Banco de Entre Ríos
313. Castro Corbat S.A.
314. Multicambio S.A.
315. Banco de Olavarría S.A.
316. Finmark S.A.
324. Ossola S.A.
326. Banco de la Edificadora de Olavarría
330. Interbonos S.A.
334. Banco de los Arroyos Coop. Ltdo.
337. Aviacam S.A.
342. Banco Provincial de Santa Fe
345. Sasin S.A.
347. Banco del Suquía S.A.
351. Exprinter S.A. Sudamericana de Turismo
357. Republic National Bank of New York
369. Transcambio S.A.
372. Banco Popular Financiero S.A.
378. The Chase Manhattan Bank
391. Compañía General de Mandatos S.A.
394. Banco Comercial de Tres Arroyos
395. Mercado Abierto S.A.
407. Banco Liniers S.A.
423. Banco Independencia Coop. Ltdo.
433. Agentra S.A.
449. Mahosa S.A.
452. Davatur S.A.
454. Banco de la Nación Argentina
455. The Bank of New York S.A.
458. Banque Nationale de Paris
460. Banco Mayo S.A.
461. Manufacturers Hannover Trust Co. S.A.

463. Banco Macro S.A.
467. Banco Coinag Coop. Ltdo.
469. Continental Illinois Bank S.A.
471. Banco Local Coop. Ltdo.
473. Banco de Mendoza
474. Banco Municipal de La Plata
476. Banco Credicoop Coop. Ltdo.
478. Lecorp S.A.
480. Comafi S.A.
488. Banco del Fuerte S.A.
490. Manfor S.A.
495. Banco Real S.A.
498. Facimex S.A.
500. Aciso Banco Coop. Ltdo.
508. Compañía Financiera Luján Williams S.A.
511. Finandoce S.A. Compañía Financiera
512. Debursa S.A.
513. Banco Territorial de Tierra del Fuego
514. Banco Meridional Coop. Ltdo.
515. Banco Crédito de Cuyo S.A.
516. Banco del Sud S.A.
522. Banco Coop. del Este
523. Banco de la Provincia de Corrientes
525. Chase Manhattan Trading S.A.
528. Banco Comercial del Tandil S.A.
533. Banco Mildesa S.A.
534. García Navarro y Cía. S.A.
535. Banco Modelo Coop. Ltdo.
544. Banco Sáenz S.A.
545. Banco de la Provincia de Río Negro
546. Citesa S.A.
548. Royal Bank of Canada
549. The Bank of Tokio Ltdo.
550. Cambio García Navarro, Ramaglio y Cía S.A.
551. Banco del Buen Ayre S.A.

552. Banco Comercial Israelita
553. Mercado de Capitales S.A.
554. Banco Los Tilos S.A.
556. Banco Exterior S.A
557. Banco Unión Comercial e Industrial
559. Nadilo S.A.
560. Banco Coop. de Caseros Ltdo.
561. Banco de la Provincia de Santa Cruz
562. Banco Caudal S.A.
563. Rigton Trust S.A.
564. Banco Rural Sunchales S.A.
565. Himelbonex S.A.
566. Banco Monserrat S.A.
567. B.D.F S.A.
568. Manufacturers Hannover Investment S.A.
569. Pasamar S.A.
570. Finansur S.A.
571. N.M.B. Bank
572. Pecunia S.A.
576. Banco Sudecor Coop. Ltdo.
577. Continental Investment Co. S.A.
578. Créditos Luro S.A.
579. Banco de la Provincia de Chubut
581. M.B.A Cía. Financiera

ASOCIACION DE BANCOS ARGENTINOS (ADEBA)

BANCOS ASOCIADOS

Banco de Crédito Argentino
Banco de Galicia y Buenos Aires
Banco de Valores
Banco del Buen Ayre
Banco Florencia
Banco Francés del Río de de La Plata
Banco General de Negocios

Banco Interfinanzas
Banco Inversora
Banco Liniers
Banco Macro
Banco Mariva
Banco Medefin
Banco Mercantil Argentino
Banco Mildesa
Banco Quilmes
Banco República
Banco Río de la Plata
Banco Roberts
Banco Sáenz
Banco Shaw
Banco Unibanco
Banco Velox

ASOCIACION DE BANCOS DE LA REPUBLICA ARGENTINA (ABRA)

BANCOS ASOCIADOS

Banca Nazionale del Lavoro S.A.
Banco Avellaneda S.A.
Banco de la República Oriental del Uruguay
Banco Di Napoli
Banco Do Brasil S.A.
Banco Do Estado de São Paulo S.A.
Banco Europeo para América Latina (BEAL) S.A.
Banco Exterior S.A. Argentina
Banco Holandés Unido
Banco Itaú S.A.
Banco Mariva S.A.
Banco Popular Argentino S.A.
Banco Real S.A.
Banco Santander S.A.
Banco Shaw S.A.
Banco Sudameris
Banco Supervielle Société Générale S.A.

Banco Tornquist S.A.
Bank of Credit and Commerce S.A.
Banque Nationale de Paris
Citibank S.A.
Citicorp y Río - Banco de Inversión S.A.
Continental Bank S.A.
Deutsche Bank A.G.
Lloyds Bank (BLSA) Limited
Manufacturers Hannover Trust Company
Morgan Guaranty Trust Company of New York
The Bank of New York S.A.
N.M.B. Postbank Groep N.V.
Republic National Bank of New York
The Bank of Tokio Limited
The Chase Manhattan Bank S.A.
The First National Bank of Boston
The Royal Bank of Canada

ASOCIACION DE BANCOS DE PROVINCIAS DE LA REPUBLICA ARGENTINA (ABAPRA)

SOCIOS ACTIVOS

Banco de la Provincia de Buenos Aires
Banco de Catamarca
Banco de la Provincia de Córdoba
Banco de la Provincia de Corrientes
Banco del Chaco
Banco de la Provincia del Chubut
Banco de Entre Ríos
Banco de la Provincia de Formosa
Banco de la Provincia de Jujuy
Banco de La Pampa
Banco de Mendoza
Banco de la Provincia de Misiones

Banco de la Provincia del
Neuquén
Banco de la Provincia de Río
Negro
Banco Provincial de Salta
Banco de San Juan S.A.
Banco de la Provincia de San Luis
Banco de la Provincia de Santa
Cruz
Banco de Santa Fe S.A.
Banco de la Provincia de Santiago
del Estero
Banco de la Provincia de
Tucumán
Banco de la Provincia de Tierra
del Fuego, Antártida e Islas del
Atlántico Sur

SOCIOS ADHERENTES

Banco de Previsión Social
Banco Municipal de La Plata
Banco Municipal de Paraná
Banco Municipal de Rosario
Banco Santafesino de Inversión y
Desarrollo S.A.
Banco Social de Córdoba
Cofirene Bco. de Inversión S.A.
Caja Popular de Ahorros de la
Provincia de Tucumán
Caja Popular de Ahorro y Crédito
de la Provincia de Santiago del
Estero

ASOCIACION DE BANCOS DEL INTERIOR DE LA REPUBLICA ARGENTINA (ABIRA)

BANCOS ASOCIADOS

Banco Aciso Coop. Ltdo.,
Santa Fe

Banco Com. de Tres Arroyos,
Buenos Aires
Banco Com. del Tandil S.A.,
Buenos Aires
Banco Com. Israelita S.A.,
Santa Fe
Banco Coop. de la Plata Ltdo.
Buenos Aires
Banco Crédito de Cuyo S.A.,
Mendoza
Banco Crédito Provincial S.A.,
Buenos Aires
Banco de Coronel Dorrego S.A.,
Buenos Aires
Banco de Crédito Comercial S.A.,
Santa Fe
Banco de Junín S.A.,
Buenos Aires
Banco de la Edif. Olavarría S.A.,
Buenos Aires
Banco de Olavarría, Buenos Aires
Banco del Fuerte S.A.,
Buenos Aires
Banco del Iberá S.A., Corrientes
Banco del Noroeste Coop. Ltdo.,
Salta
Banco del Sud S.A., Buenos Aires
Banco del Suquía S.A., Córdoba
Banco Edif. Trenque Lauquen
S.A., Buenos Aires
Banco Emp. Tucumán Coop.
Ltdo., Tucumán
Banco Federal Argentino S.A.,
Buenos Aires
Banco Feigin S.A., Córdoba
Banco Israelita de Córdoba S.A.,
Córdoba
Banco Los Tilos S.A.,
Buenos Aires
Banco Monserrat S.A., Santa Fe
Banco Platense S.A, Buenos Aires
Banco Popular Financiero S.A.,
Córdoba
Banco Provencor S.A., Córdoba
Banco Regional de Cuyo S.A.,
Mendoza

Banco Roela S.A., Córdoba
Bco. Rural Sunchales Coop.
Ltdo., Santa Fe
Nuevo Banco de Azul S.A.,
Buenos Aires
Nvo. Bco.de Stgo. del Estero S.A.,
Stgo. del Estero

BOLSAS DE COMERCIO Y MERCADOS DE VALORES ARGENTINOS

BOLSA DE COMERCIO DE BAHIA BLANCA S.A.

Presidente:
Ing. Carlos Alberto Arecco
Vicepresidente:
Dr. Jorge Horacio Bartolucci
Secretario:
Dr. Alberto Spivak
Prosecretario:
Sr. Antonio Rubén Camilli
Tesorero:
Ing. Francisco García Zamora
Dirección: 19 de Mayo 271 (8000),
Bahía Blanca - Tel.: (091) 40496
/38285

BOLSA DE COMERCIO DE BUENOS AIRES

Presidente:
Ing. Carlos E. Dietl
Vicepresidente 1º:
Cr. Luis María Flynn
Vicepresidente:
Dr. Jorge E. Berardi
Secretario:
Dr. Julio A. Macchi
Tesorero:
Sr. Carlos A. Porzio

Dirección: Sarmiento 299 (1353),
Buenos Aires - Tel.: 311-1174/311-
5231 - Télex: 122864, 121709 - Fax:
312-9332 - Fecha de Fundación:
10-VII-1854

BOLSA DE COMERCIO DE CORDOBA

Presidente:
Sr. José Lucrecio Tagle
Vicepresidente 1º:
Dr. Enrique S. Palacio Minetti
Vicepresidente 2º:
Ing. Italo Pezza
Secretario:
Dr. Alberto Novillo Saravia
Prosecretario:
Sr. Francisco Cuenca
Tesorero:
Lic. Ricardo Chiodi
Dirección: Rosario de Santa Fe 231/
43 (5000) Córdoba - Tel.: (051) 22-
4230 / 22-6550 - Fecha de funda-
ción: 5-IX-1900

BOLSA DE COMERCIO DE CORRIENTES

Presidente:
Sr. Abelardo Palisa
Dirección: Carlos Pellegrini 101 (3400)
Corrientes.

BOLSA DE COMERCIO DE LA PLATA

Presidente:
Sr. Juan Carlos Risso
Vicepresidente 1º:
Cr. Emilio Mauro Gutiérrez

Vicepresidente 2º:
Dr. Juan José Zandrino
Secretario:
Esc. Horacio Raúl Lago
Prosecretario:
Sr. Carlos Manuel Mostafa
Tesorero:
Cr. Carlos Eugenio Navajas
Dirección: Calle 48, nº 515 (1900) La Plata - Tel.: (021) 214773/218375/217202/48933

BOLSA DE COMERCIO DE MAR DEL PLATA

Presidente:
Sr. Eduardo Tomás Pezzati
Vicepresidente 1º:
Esc. Alberto J. Rodríguez Giménez
Vicepresidente 2º:
Dr. Carlos Alberto Zubillaga
Secretario:
Ing. Ricardo Ernesto Polverino
Dirección: Corrientes 1723, piso 1º (7600), Mar del Plata - Tel.: (023) 48221/30401 - Fecha de fundación: 7-VII-1962

BOLSA DE COMERCIO DE MENDOZA S.A.

Presidente:
Sr. David Luis Crocco
Vicepresidente 1º:
Sr. Andrés Peñalva
Vicepresidente 2º:
Dr. Miguel Angel Nicastro
Secretario:
Dr. Pedro Federico Gutiérrez
Dirección: Sarmiento 199 (5500), Mendoza - Tel.: (061) 231957/232489/231650/231203 - Télex: AR

55231 - Fecha de fundación: 20-VII-1942

BOLSA DE COMERCIO DE MISIONES

Director:
Dr. Raúl A. Martínez Sucre (h.)
Dirección: Colón 1628 (3300) Posadas (Misiones) - Tel.: (0752) 30108, Fecha de fundación: 6-IV-1992

BOLSA DE COMERCIO DE RIO NEGRO S.A.

Presidente:
Sr. Hugo O. Spinelli
Vicepresidente:
Dr. Ricardo Jorge Padín
Secretario:
Dr. Jorge A. Gómez
Tesorero:
Cr. Daniel Bossero
Dirección: Av. Roca 1281 (8332) - Gral. Roca - Río Negro - Tel.: (0941) 27558/25667 - Fecha de fundación: 30-VI-1989

BOLSA DE COMERCIO DE ROSARIO

Presidente:
Dr. Hugo O. B. Grassi
Vicepresidente 1º:
Cr. Jorge E. Weskamp
Vicepresidente 2º:
Sr. Nicanor P. Sodiro
Secretario:
Ing. Cristián F. Amuchástegui
Prosecretario:
Dr. Ricardo V. Moscariello

Tesorero:
  Sr. Rubén Arrascaeta
Dirección: Córdoba 1402 (2000) Rosario (Santa Fe) - Tel.: (041) 21-0043
  /3470/2/9/67544 - Fecha de fundación: 18-VIII-1884

BOLSA DE COMERCIO
DE SAN JUAN S.A.

Presidente:
  Dr. Héctor M. Kalejman
Vicepresidente:
  Dr. Pablo N. Ocampo
Secretario:
  Dr. Héctor Miguel Seguí
Dirección: Gral. Acha 278 Sur, esq. I.
  de la Rosa (5400) San Juan - Tel.:
  (064) 214711/214752/214813 - Té-
  lex: 59139, VOJVA AR - Fecha de
  fundación: 16-X-1960

BOLSA DE COMERCIO
DE SANTA FE

Presidente:
        Sr. Daniel R. Aimaretti
Vicepresidente:
        Dr. Julio César Alzueta
Secretario: Sr. Roberto Aquino
Prosecretario: Sr. José Angel Gigli
Dirección: San Martín 2231, (3000)
        Santa Fe - Tel.: (042)
        40092/25983/24741, Fecha
        de fundación: 12-VII-1912

MERCADO DE VALORES
DE BUENOS AIRES

Presidente:
  Sr. Alberto C. Alvarez
Vicepresidente:
  Dr. Horacio J. Parga
Secretario:
  Sr. Eduardo V. Bagnardi

Tesorero:
  Lic. Raúl A. Fabbiani
Dirección: 25 de Mayo 359, 9° piso,
  (1353), Buenos Aires - Tel.: 313-
  6021/4952/5552/5099, Fecha de
  fundación: 5-III-1929

MERCADO DE VALORES
DE CORDOBA S.A.

Presidente:
  Cr. Ramiro Novillo Saravia
Vicepresidente:
  Cr. Carlos María Escalera
Secretario:
  Sr. Juan Carlos Seguí
Dirección: Rosario de Santa Fe 235
  (5000) Córdoba - Tel.: (051) 21622
  /42827/37357/ 24230 - Fecha de
  fundación: 1-X-1963

MERCADO DE VALORES
DE LA PLATA S.A.

Presidente:
  Sr. Antonio Blas Pucci
Vicepresidente 1°:
  Sr. Luis Manuel Mendy
Secretario:
  Cr. Emilio Mauro Gutiérrez
Tesorero:
  Cr. Carlos Alberto Naser
Dirección: Calle 48, N° 515 (1900), La
  Plata - Tel.: (021) 21-7202/21-4773
  - Fecha de fundación: 14-XII-1979

MERCADO DE VALORES
DE MENDOZA S.A.

Presidente:
  Dr. Leandro Oscar Flamarique

Vicepresidente:
Sr. Juan Carlos Benegas
Secretario:
Cr. Jorge Ricardo de la Reta
Tesorero:
Cr. Alfredo Saieg
Dirección: Sarmiento 165, Esq. España (5500), Mendoza - Tel.: (061) 231460/231937 /231203/231502

NUEVA BOLSA DE COMERCIO DE TUCUMAN S.A.

Presidente:
Dr. Jaime Nougués
Vicepresidente 1º:
Sr. Vicente Lucci
Vicepresidente 2º:
Sr. Dermidio Martínez Zavalía
Director Secretario:
Sr. Enrique Martínez
Director Tesorero:
Cr. Pedro Amodeo
Dirección: Maipú 70 (4000) S. M. de Tucumán - Tel.: (081) 31-1942/43 - Fecha de fundación: 5-IX-1988

LISTADO DE AGENTES Y SOCIEDADES DE BOLSA

MERCADO DE VALORES DE BUENOS AIRES S.A.

Achával, Juan C. M. y Cía. S.A.
Tte. Gral. J. D. Perón 683, 4º p., ofs. G-H
Agra y Cía. S.A.,
San Martín 244, 3º p., ofs. 301/2/3
Aldazábal y Cía.,
Reconquista 379, 6º p., of. 601
Alessandro y Cía. S.A.,
Sarmiento 212, 10º p.

Alfinex S.A. Soc. de Bolsa,
25 de Mayo 555, 3º p., of. 2
Alvarez, Adolfo N.,
Lavalle 534, 4º p., of. 10
Alvarez, Alberto C. y Cía. S.C.,
Tucumán 924, 10º p.
Alvarez y Cía., S.C.,
25 de Mayo 347, 5º p., of. 547
Alarria Ledesma, Ernesto,
Sarmiento 348
Arbos, Delia J.,
San Martín 551, 1º p., of. 37
Argenbur S.A.,
Sarmiento 459, 9º p.
Argenbonex Bursátil S.C.,
Corrientes 447, 3º p.
Bacqué, Héctor J. L.,
L. N. Alem 465, 3º p., of. E
Bagnardi, Eduardo V.,
Sarmiento 643, 2º p., ofs. 230/235
Bagnardi y Cía. S.C.,
Sarmiento 246, 5º p.
Balestra, Ernesto J.,
25 de Mayo 252, 4º p., of. 42
Barbenza-Forlano S.A. Soc. de Bolsa
Corrientes 531, 7º p.
Behr, Claudio A.,
25 de Mayo 356, 7º y 8º p.
Belinky, Daniel H.,
Viamonte 464, 8º p.
Bellver, Marcelo J.,
25 de Mayo 516, 13º p.
Besfamille-Galli S.A.,
Sarmiento 412, 5º p.
Brancatelli, Claudio A.,
Tte. Gral. J. D. Perón 555, 4º p.
Brandon, Geraldo,
Tucumán 435, 2º p., of. 6
Brea y Cía. José E.,
San Martín 379, 3º p.
Canosa, Alberto H.,
L. N. Alem 428, 6º p.
Cardini y Legon S.A.,
San Martín 66, 5º p., of. 524/6

Carluccio, Antonio,
   Reconquista 630, 9º p.
Carril, Miguel J.,
   25 de Mayo 347, 6º p., of. 613
Capital Markets Argentina,
   Sociedad de Bolsa S.A.,
   Esmeralda 130, 10º p.
Casal, Adolfo,
   25 de Mayo 158, 2º p., of. 46/47
Castro Corbat Bursátil S.A.,
   Florida 141, 3º p., 2º ascensor
Cecere, Mario A.,
   25 de Mayo 252, 6º p.
Cerrota, Jorge N.,
   25 de Mayo 158, 5º p., of. 102
Cirillo, José A.,
   25 de Mayo 347, 5º p., of. 532
Citicorp Sociedad de Bolsa S.A.,
   San Martín 140, 6º p.
Cohen Bursátil S.A.,
   25 de Mayo 195, 7º p.
Comafi Bursátil S.A.,
   Bmé. Mitre 699
Cía Gral. de Negocios Bursátiles
   S.A.
   R. Sáenz Peña 740, 5º p., of. B
Cía. Gral. de Valores Mobiliarios
   S.A.,
   Corrientes 345, 9º p.
Cía. Inversora Bursátil S.A.,
   Tte. Gral. J. D. Perón 456, 1º
   p., of. 107/8
Cía. de Servicios Bursátiles S.A.,
   25 de Mayo 552, 8º p.
Conte, Isidro O.,
   Maipú 474, 2º p., of. 6
Copello, Esteban E.,
   25 de Mayo 347, 3º p., ofs.
   309/11
Cordeu Benedit y Cía. S.A.,
   Tte. Gral. J. D. Perón 499,
   1º p.
Corneille, Dionisio M. J. D.,
   Tucumán 255, 2º p., of. D
Corsiglia, Luis M.,
   Corrientes 456, 8º p., of. 86

Cozzani, Jorge A.,
   Reconquista 520, 4º p.
Cuchiara, Gustavo G.,
   Sarmiento 470, 2º piso, of. 201
Chapto, Rafael,
   Reconquista 520, 3º p.
Chapur, Leopoldo E.,
   Tte. Gral. J. D. Perón 555, 5º p.
Debary y Cía. S.C.,
   Lavalle 381, 1º p.
De Carlo, Angel J.
   M. T. de Alvear 590, 3º p.
Del Giudice y Cía.
   25 de Mayo 347, 3º p., ofs. 333/
   335/337
Dellepiane y Cía. S.C.,
   San Martín 320, 7º p.
Denegri, Miguel A. R.,
   Av. del Libertador 602, 23º p.
Di Candia, Pascual O.,
   25 de Mayo 347, 7º p., of. 700
Domínguez, Jorge A.,
   Viamonte 332, 1º p., of. 8
Elizalde y Cía.,
   25 de Mayo 277, 6º p.
Erario Bursátil S.A.,
   Reconquista 458, 6º p.
Ergui y Cía. S.A.,
   Sarmiento 552, 18º p.
Estrada Hnos. S.A.,
   25 de Mayo 375, 6º p.
Exprinter Sociedad de Bolsa S.A.,
   San Martín 176, 2º p.
Fabbiani y Cía.,
   L. N. Alem 30, P.B.
Falabella y Corsi S.C.,
   Sarmiento 347, 5º p., of. 26
Fernández Saavedra, Héctor N.,
   Tte. Gral. J. D. Perón 315, 6º p.
Fescina y Cía. Sociedad de Bolsa
   S.A.,
   25 de Mayo 347, 3º p., of. 359
Fidelitas S.A.,
   Reconquista 365, 5º p.
Finanflower Bursátil S.A.,
   Sarmiento 539, 5º p.

Fiorito, Marcelo R.,
R. S. Peña 547, 7º p.
Francés Valores Soc. de Bolsa S.A.
Tte. Gral. J. D. Perón 362, 5º p.
Funes Rouillón, Saturnino R. P.,
San Martín 569, 3º p., of. F
Galicia Valores S.A.,
Tte. Gral. J. D. Perón 525, e/
piso
Gálvez, Roberto O.,
25 de Mayo 252, 8º p.
García, Alberto J. C.,
25 de Mayo 375, 5º p.
Giannoni y Cía.,
25 de Mayo 252, 5º p.
González Victorica, Ricardo L.,
25 de Mayo 460, 6º p.
Gordon Davis y Cía.,
25 de Mayo 347, 3º p., of. 341
Gustavo A. García y Cía. S.A.,
Sociedad de Bolsa,
Reconquista 341, 2º p, of. A
Guterman, Isaac,
San Martín 439, 11 p.
Gysin y Cía. S.A.,
25 de Mayo 375, 4º p.
Henke y Cía. S.A.,
25 de Mayo 244, 4º p., of. 14
Ignoto y Napoli S.A.,
Reconquista 365, 6º p.
Infupa Inversiones S.A.,
Sarmiento 643, 1º p.
Interacciones S.A.,
San Martín 323, 2º p.
Investcapital S.A.,
Tte. Gral. J. D. Perón 555, 2º p.
J. P. Morgan Argentina S.A.,
Corrientes 415, 2º p.
Laborde, Pedro R.,
Sarmiento 412, 1º p.
Lacoste y Cía.,
Lavalle 547, 3º p.
Lamarca y Cía.,
Reconquista 144, 14º p.
Lanzillota, Gustavo C.,
Suipacha 72

Lascombes Chlapowski y Cía.,
Sociedad de Bolsa S.A.,
25 de Mayo 168, 9º p.
Linstal Securities S.A. Soc. Bolsa,
25 de Mayo 555, 23º p.
Lion Bursátil S.A. Soc. de Bolsa,
Bmé. Mitre 559, 4º p., of. 401
Lolla, Guillermo A.,
Sarmiento 412, 3º p., of. 301
Longo, Elía Alberto,
25 de Mayo 356, 2º p.
López, Ernesto, y Cía.
Lavalle 407, 1º p.
Macchi, Julio A.,
San Martín 617, 5º p., of. F
Mackintosh y Falco S.C.,
Maipú 692, 9º p., of. A
Maestro y Huerres S.A.,
Sarmiento 470, P.B.
Marina, Carlos,
Reconquista 522, 8º p.
Martorell y Cía. S.A.,
25 de Mayo 347, 1º subsuelo,
of.G
Marzagalli, César V. L.,
Sarmiento 470, 1º p., of. 101/4
Mascardi y Cía.,
25 de Mayo 516, 17º p.
Mascaretti y Cía. S.A.,
Sarmiento 212, 5º p.
Mastronardi, Carlos M.,
Florida 656, 3º p, of. 307
Mariva Bursátil S.A.,
San Martín 299, 6º p.
Mayoral y Cía.,
Florida 142, Galería Boston, 8º
p., ofs. O-P-Q
M.B.A. Soc. de Bolsa S.A.,
Corrientes 311, 1º p.
Medefin Bursátil S.A.,
25 de Mayo 489, 4º p.
Menéndez, V. y Asoc. S.A., Soc.
de Bolsa
Reconquista 379, 7º p., of. 710.
Menéndez y Cía.,
Tucumán 141, 3º p., of. F

Misuco Securities Sociedad de
Bolsa S.A.,
25 de Mayo 252, 7º p.
Molinari y Cía.,
Florida 336, 2º p, of. 209
Montelatici y Cía., Sociedad de
Bolsa S.A.
25 de Mayo 347, 6º p., of. 616
Moranchel Carlos A.,
San Martín 390 1º p.
Morandi, Jorge A. y Cía. S.C.,
Sarmiento 412, 7º p., of. 702
M.S. Interfinanzas S.A.,
Sarmiento 385, 4º p., of. 62
Navarro Viola y Cía. S.A.,
25 de Mayo 350, 4º p.
N.M.B. - Tradex S.A.,
25 de Mayo 347, 6º p., of. 635
Norfina Sociedad de Bolsa S.A.,
Tte. Gral. J. D. Perón 679, 2º p.
Noseda y Cía S.A.,
Reconquista 144, 6º p.
Novo, Oscar,
25 de Mayo 431, 5º p.
Orlando y Cía. Soc. de Bolsa S.A.,
Florida 780, 5º p.
Parga, Horacio J.,
25 de Mayo 430/2, 6º p.
Peluso y Cía.
25 de Mayo 347, 7º p., of. 705
Peña, J. B. y Durañona, R. M.
Corrientes 222, 2º p.
Peralta Ramos, Fernando
Florida 537/71, 7º p.
Piñón, Juan J.,
Sarmiento 348, 1º p.
Porzio, Carlos A.
25 de Mayo 347, 6º p., of. 331
Quilburs Soc. de Bolsa S.A.,
Tte. Gral. J. D. Perón 564
Quiroga y Cía.
Tte. Gral. J. D. Perón 456
Rabello y Cía. S.A.
Corrientes 345, 11º p.
Raimúndez, Carlos M.,
San Martín 483, 8º p., of. E

Rava Sociedad de Bolsa S.A.,
25 de Mayo 277, 5º p.
Reddita Soc. de Bolsa S.A.,
Corrientes 415, 6º p.
República Valores Soc. de Bolsa,
25 de Mayo 356/58, 6º p.
Resta, Horacio M.,
25 de Mayo 596, 9º p.
Rey López Amoretti y Cía.,
25 de Mayo 267, 7º p., of. 35
Richini y Cía.,
25 de Mayo 565, 3º p., of. frente
Roberts Valores S.A.,
25 de Mayo 258, 3º p.
Rodríguez, Juan C. F.,
Tte. Gral. J. D. Perón 315, 4º p.,
ofs. 81/2
Rodríguez Menéndez S.A.,
Sarmiento 459, 7º p.
Rodríguez Zamboni, José I.,
Lavalle 534, 7º p.
Rossi, César A.,
25 de Mayo 347, 6º p., of. 639
Ruggiu y Cía.,
Sarmiento 552, 16º p.
Santamarina y Cía.,
25 de Mayo 267, 8º p.
Scarpati y Cía. S.A.,
25 de Mayo 350, 8º p., of. A
Schweber, José D.,
25 de Mayo 347, 3º p., of. 346
Segota y Cía. S.C.,
25 de Mayo 306, 6º p., of. 490
Segura Bursátil S.A.,
Corrientes 484, 7º p.
Serafini, Juan C. y Cía. S.A.,
Tucumán 255, 3º p.
Servente, Alberto G.,
25 de Mayo 332, 7º p.
Siegrist S.A.,
25 de Mayo 294, 5º p.
Silvia Verges Sociedad de Bolsa
S.A.
Florida 15, 10º p., of. 29
Sívori y Cía. S.A.,
25 de Mayo 347, 3º p., of. 310

Slotnisky, Elías A.,
San Martín 627, P.B.
Sosa y Cía S.A.,
Viamonte 542
Surplus Inversiones S.A.,
Bmé. Mitre 311, 3º p.
Tavelli y Cía.,
25 de Mayo 267, 2º p.
Tersol, Jorge E.,
Viamonte 332, 5º p., of. D
Teuly, Carlos A.,
San Martín 140, 23º p.
Títulos Valores S.A. Soc. de Bolsa
Corrientes 457, 11º p.
Tival S.A.,
Corrientes 311, 4º p.
Tricánico, Roberto,
25 de Mayo 375, 4º p.
Trucco, Luis D. Soc. de Bolsa
S.A.
Tucumán 335, 4º p., ofs. D-E
Tutelar Bursátil Soc. de Bolsa
S.A.
25 de Mayo 294/6, 6º p.
Ubertone y Grano,
Tte. Gral. J. D. Perón 315, 6º p.,
ofs. 630/648/650
Univalores S.A.,
25 de Mayo 460, 6º p.

Valfinsa Bursátil Soc. de Bolsa,
Tte. Gral. J. D. Perón 360, 1º p.
Vallejo y Cía. S.A.,
25 de Mayo 277, 11º p.
Vanexva Bursátil S.A.,
Reconquista 458, 9º p.
Vattuone, Jorge A.,
San Martín 140, 17º p.
Veiga, Luis Héctor y Cía., Soc. de
Bolsa S.A.,
25 de Mayo 516, 4º p.
Velox Inversiones S.A.,
Sarmiento 539, 1º p., contra-
frente
Venini, Núñez y Cía.,
25 de Mayo 538, 5º p.
Vilan, Ernesto J.,
25 de Mayo 552, 1º p.
Vionnet, Armando E.,
Corrientes 222, 17º p.
Wainbuch y Cía. S.A.,
San Martín 390, 3º p.
Zaiatz y Cía.,
San Martín 551, 3º p., of. 41,
Cuerpo C
Zarracan Sociedad de Bolsa S.A.,
Corrientes 465, 10º p.
Zerman, Máximo C.,
25 de Mayo 577, 3º p.

LISTADO OFICIAL DE EMPRESAS COTIZANTES EN LA BOLSA DE COMERCIO DE BUENOS AIRES

DIRECCION TITULOS VALORES

ACEC A.C.E.C. ARGENTINA
Manufacturas. Explotación comercial de toda clase de material eléctrico.
Tacuarí 560 - (1071) Capital Federal

ACIN ACINDAR
Metalúrgicas. Sidero-metalúrgica. Función y venta de hierro y acero.
Paseo Colón 357 - (1063) Capital Federal

AGRA LA AGRARIA
Financieras. Agropecuaria, comercial y financiera.
Corrientes 655 - (1043) Capital Federal.

AGRO AGROMETAL
Metalúrgicas. Fábrica de implementos agrícolas.
Misiones 1974 - (2659) Monte Maíz - Córdoba.

ALGO MANUFACTURA ALGODONERA ARGENTINA
Textiles. Industria textil.
España 1051 - (5700) San Luis.

ALPA ALPARGATAS
Textiles. Fábrica de calzados. Confección de indumentaria. Tintorería industrial. Tejeduría e hilandería.
Olavarría 1256 - (1267) Capital Federal.

ALUA ALUAR ALUMINIO ARGENTINO
Metalúrgicas. Producción y comercialización de aluminio primario.
Maipú 241/45, 3º piso - (1084) Capital Federal.

AMER CASA AMÉRICA S.A.
Comercio e importación. Venta al público de instrumentos
musicales en gral. y artefactos del hogar.
Avda. de Mayo 959 - (1084) Capital Federal

ARSA ASTARSA
Metalúrgicas. Construcciones y reparaciones navales.
Calderería. Metalúrgica. Mecánica y locomotoras.
Margen der. Río Luján y Solís - (1648) Tigre, Buenos Aires.

ARTE CASA ARTETA
Comercio e importación. Artículos textiles y afines para la
industria y el hogar. Sucursales mayoristas.
Santiago del Estero 430, 1º piso - (1075) Capital Federal.

ASTR ASTRA
Industrias primarias y extractiva. Explotación de petróleo
y venta de subproductos.
Tucumán 744, 20º piso - (1049) Capital Federal.

ATAN ATANOR SOCIEDAD ANÓNIMA
Industrias químicas. Fabricación de productos químicos.
Sarmiento 329, 5º piso - (1041) Capital Federal.

ATLA EDITORIAL ATLÁNTIDA
Papeleras y artes gráficas. Editorial de revistas y libros.
Azopardo 579 - (1307) Capital Federal.

AVEL AVELLANEDA
Bancos. Operaciones bancarias en general.
Avda. Mitre 402 - (1870) Avellaneda, Buenos Aires.

AZUC AZUCARERA ARGENTINA
Industrias primarias y extractiva. Ingenio azucarero y destilería
del alcohol.
Corrientes 550, 7º piso "U" - (1870) Capital Federal.

BACO BANCO SOCIAL DE CÓRDOBA
Bancos. Institución bancaria, comercial, descentralizada
y autárquica de derecho público.
27 de abril 185 - (5000) Córdoba.

BAES BUENOS AIRES EMBOTELLADORA S.A.
Bebidas. Fabricación, embotellamiento y comercialización de
bebidas gaseosas.
Diógenes Taborda 1533 - (1437) Capital Federal.

BAGL BAGLEY
Alimentación. Fabricación y comercialización de artículos alimenticios y bebidas.
Avda. Montes de Oca 169 - (1270) Capital Federal.

BCAS BANCO DE CRÉDITO ARGENTINO S.A.
Bancos. Operaciones bancarias.
Reconquista 30 - (1003) Capital Federal.

BEAC BEACON
Varios. Fábrica de colorantes sintéticos, lacas. Molienda de minerales y fábrica de papeles pintados.
Bolívar 332, 5º piso, of. "B" - (1066) Capital Federal.

BERN BERNARDIN
Metalúrgicas. Fabricación de máquinas, equipos e implementos agrícolas.
Juan B. Justo 112 - (2447) San Vicente - Dto. Castellanos - Santa Fe.

BGHS BGH
Metalúrgicas. Fabricación y distribución de productos electrónicos y para el hogar.
Brasil 731, 2º piso - (1154) Capital Federal.

BIEC CERVECERÍA BIECKERT
Bebidas. Fabricación de cerveza, bebidas gaseosas y maltería.
Alsina 1495, 1º piso - (1088) Capital Federal.

BIOL INSTITUTO BIOLÓGICO ARGENTINO
Industrias químicas. Fabricación de productos medicinales, sueros y vacunas.
J. E. Uriburu 153 - (1027) Capital Federal.

BOLD BOLDT
Papelera y artes gráficas. Artes gráficas. Imprenta comercial especializada.
Aristóbulo del Valle 1257, 2º piso - (1295) Capital Federal

BONA BONAFIDE
Alimentación. Industrialización y fraccionamiento de productos alimenticios, comercialización propia y/o concesionario.
Gavilán 1055 - (1406) Capital Federal.

BOST   BOSTON
Seguros. Operaciones de seguro.
Suipacha 268, 4º piso - (1355) Capital Federal.

BSAS   BUENOS AIRES
Seguros. Seguros en general.
Avda. de Mayo 701 - (1084) Capital Federal.

BUTL   BUENOS AIRES BUILDING
Bancos. Operaciones bancarias en general.
Lavalle 345 - (1047) Capital Federal.

CADI   CADIPSA SOCIEDAD ANÓNIMA
Industrias primarias y extractiva. Minería. Industrialización de
hidrocarburos.
Avda. Roque Sáenz Peña 832, 7º piso "P" - (1388) Capital
Federal.

CADO   CARLOS CASADO
Industrias Primarias y extractiva. Fabricación de extracto
de quebracho y explotación de montes y estancias.
Florida 440, 4º piso, of. 10 - (1005) Capital Federal.

CALE   CEMENTOS AVELLANEDA S.A.
Construcciones. Fábrica de cal y cemento portland.
Defensa 113, 6º piso - (1065) Capital Federal.

CANA   CANALE
Alimentación. Fábrica de bizcochos, galletitas. Cromolitografía
y hojalatería. Molino y productos alimenticios.
Avda. Martín García 320 - (1165) Capital Federal.

CANT   LA CANTÁBRICA
Metalúrgicas. Fundición y laminación de hierro. Fabricación de
máquinas agrícolas y artículos rurales.
Alsina 971, 4º piso, of. 41 - (1088) Capital Federal.

CAPE   C.A.P.E.A.
Metalúrgicas. Fábrica de artículos enlozados, menaje, sanitarios
y enlozados s/chapas de hierro en general.
H. Yrigoyen 850, 3º piso, of. 320 - (1377) Capital Federal.

CAPU   CAPUTO
Construcciones. Construcciones de obras públicas y privadas.
Paseo Colón 482, 2º piso - (1063) Capital Federal.

CARB CARBOMETAL
Industrias químicas. Fabricación y comercialización de carburo
de calcio y ferroaleaciones.
Besares 59 - (5500) Carrodilla - Luján de Cuyo - Mendoza.

CATU CATUOGNO
Comercio e importación. Comercialización de aceite
y maquinaria agrícola.
Avda. Juan B. Justo 698 - (7600) Mar del Plata.

CELU CELULOSA ARGENTINA
Papeleras y artes gráficas. Fabricante de celulosa, papeles
y productos químicos.
Capitán Bermúdez - (2154) Santa Fe

CEMA CEMAC
Metalúrgicas. Construcción de elevadores,
maquinarias y accesorios.
Zepita 3137/39 - (1285) Capital Federal

CERR CERRO CASTILLO S.A.
Industrias Primarias y extractiva. Exploración, explotación
y comercialización e industrialización de minerales.
Avda. de Mayo 701, 8º piso - (1084) Capital Federal

CINA COMPAÑÍA INTERAMERICANA DE AUTOMÓVILES S.A.
Metalúrgicas. Fabricación y comercialización de vehículos
automotores.
Maipú 311 - (1006) Capital Federal.

CINZ C.I.N.B.A.
Bebidas. Producción y distribución de bebidas.
Tte. Gral. Perón 2933 - (1198) Capital Federal.

COLO COLORÍN
Manufacturas. Fábrica de pinturas, barnices y afines.
Bmé. Mitre 311, 2º piso, of. 206 - (1036) Capital Federal.

COLU COLUMBIA
Seguros. Operaciones de seguros en general.
Tte. Gral. J. D. Perón 690 - (1038) Capital Federal

COME COMERCIAL DEL PLATA
Financieras. Inversión en valores mobiliarios.
M. T. de Alvear 684, 6º piso - (1395) Capital Federal.

COMO CÍA. ARG. DE COMODORO RIVADAVIA
Industrias primarias y extractiva. Explotación de petróleo.
San Martín 66 - (1004) Capital Federal.

CONT CONTINENTAL
Seguros. Operaciones de seguros en general.
Corrientes 655 - (1043) Capital Federal.

CORC CORPORACIÓN CEMENTERA ARGENTINA
Construcciones. Fábrica y venta de cemento portland.
Chacabuco 187, 1º y 2º pisos - (5000) Córdoba.

CORD CORDONSED ARGENTINA
Textiles. Fábrica de fibras acrílicas y tintorería industrial.
Tinogasta 5242/54 - (1417) Capital Federal

COTU CÓRDOBA DEL TUCUMÁN
Industrias primarias y extractiva. Ingenio azucarero.
Suipacha 552, 5º piso - (1008) Capital Federal.

CRES CRESUD
Industrias primarias y extractiva. Explotación agropecuaria
e inmobiliaria.
Avda. Roque Sáenz Peña 832, 8º piso - (1388) Capital Federal.

CUIO CRISTALERÍA DE CUYO
Manufacturas. Fábrica de artículos de vidrio en general.
Avda. Corrientes 2221, 5º A - (1046) Capital Federal.

DANE E. DANERI
Metalúrgicas. Fábrica de aros para pistones y camisas
centrifugadas para cilindros.
Avda. Leandro N. Alem 1110, 13º piso - (1001) Capital Federal.

DECK GUILLERMO DECKER S.A.I.C.A.F.I.
Metalúrgicas. Fundición y elaboración de metales no ferrosos.
Osvaldo Cruz 3101 - (1294) Capital Federal.

DELA C. DELLA PENNA
Papeleras y artes gráficas. Fabricación de papelería escolar
y comercial. Papeles para las artes gráficas.
Rondeau 3225 - (1262) Capital Federal

DOME DOMEC
Metalúrgicas. Fábrica de artefactos a gas
y refrigeración eléctrica.
Esmeralda 705 - (1007) Capital Federal.

DRAG MATAFUEGOS DRAGO
Metalúrgicas. Fabricación y venta de elementos contra
incendio. Sifones automáticos y lavarropas de acero inoxidable.
Uruguay 864, 4º piso, of. 405 - (1015) Capital Federal.

DROG DROGACO
Industrias químicas. Explotación de *royalties*.
Asesoramiento técnico.
Reconquista 520, 2º piso - (1003) Capital Federal.

EDIA EDIAR S.A. EDITORA
Papeleras y artes gráficas. Edición y venta de libros.
Tucumán 927, 6º piso - (1049) Capital Federal.

EDLO EDITORIAL LOZADA
Papeleras y artes gráficas. Editores de libros.
Moreno 3362 - (1209) Capital Federal.

ELCO EL COMERCIO CÍA. DE SEGUROS
Seguros. Operaciones de seguros en general.
Maipú 53 - (1084) Capital Federal.

ELEC ELECTROCLOR
Industrias químicas. Fabricación de productos químicos.
Paseo Colón 285, 5º piso - (1330) Capital Federal.

EMAC ELECTROMAC
Metalúrgicas. Fabricación de motores y generadores eléctricos.
Paraná 552, 5º piso, of. "54" - (1017) Capital Federal.

ERCA SIDERCA
Melúrgicas. Fabricación, transformación y comercio de acero y
hierro, productos semielaborados y terminados.
L. N. Alem 1067, 27º piso - (1001) Capital Federal.

ESME BODEGAS ESMERALDA
Bebidas. Elaboración y fraccionamiento de vinos.
Deán Funes 669, 1º piso - (5000) Córdoba.

ESTR ANGEL ESTRADA
Papeleras y artes gráficas. Editorial y confección
de papelería escolar.
Bolívar 462/66 - (1066) Capital Federal.

FABR   COMPAÑÍA GENERAL FABRIL FINANCIERA
Varios. Industria textil y gráfica.
Editorial y desmontadoras de algodón.
Iriarte 2035, 2º piso - (1291) Capital Federal.

FERR   FERRUM
Metalúrgicos. Fábrica de artículos enlozados de menaje.
Fábrica de artefactos sanitarios de porcelana.
Balcarce 880, 5º piso - (1064) Capital Federal.

FIFA   FIFACO
Financieras. Inversión en acciones de otras sociedades.
Bmé. Mitre 311 - (1036) Capital Federal.

FIPL   FIPLASTO
Manufacturas. Fabricación y venta de tableros, planchas,
bloques y demás producos originados en la madera.
Alsina 756, 9º piso - (1087) Capital Federal.

FRAN   FRANCÉS
Bancos. Operaciones bancarias en general.
Reconquista 199 - (1003) Capital Federal.

FRIC   FRIC-ROT
Metalúrgicas. Fabricación de amortiguadores telescópicos
hidráulicos.
Uruguay 2627 - (2000) Rosario, Santa Fe.

GALI   GALICIA Y BUENOS AIRES
Bancos. Operaciones bancarias en general.
Tte. Gral. J. D. Perón 407/29 - (1038) Capital Federal.

GARO   GAROVAGLIO Y ZORRAQUÍN
Industrias primarias y extractiva. Consignaciones. Operaciones
de comercio. Explotación agropecuaria y participación en otras
empresas.
Avda. de Mayo 701, 16º piso - (1084) Capital Federal.

GATI   GALIMBERTI Y COMPAÑÍA
Metalúrgicas. Equipos de vapor. Recipientes de presión.
Calderería. Instalaciones. Distribución de productos
metalúrgicos. Chapas.
Avda. La Plata 1522 - (1250) Capital Federal.

GLOB   EL GLOBO
Bebidas. Elaboración y venta de vinos y licores.
Uruguay 651, 13º piso A - (1015) Capital Federal.

GOFF GOFFRE, CARBONE Y COMPAÑÍA
Comercio e importación.
Importación de respuestos y herramientas para automotores,
máquinas para talleres y estaciones de servicio.
Uruguay 651, 13º A - (1015) Capital Federal

GOTU GOTUZZO
Textiles. Hilandería. Cordelería.
Belgrano 615, 7º piso, of. "B" - (1092) Capital Federal.

GRAF GRAFEX
Papelera y artes gráficas. Industria de las artes gráficas.
Avda. Juan de Garay 125 - (1063) Capital Federal.

GRAS INDUSTRIAS SIDERÚRGICAS GRASSI
Industrias químicas. Fabricación, industrialización y comercia-
lización de ferroaleaciones y carburo de calcio.
Sarmiento 1025/31 - (2000) Rosario, Santa Fe.

GREN A. P. GREEN IND. REFRACTARIAS
Varios. Fabricación. Importación y venta de materiales
refractarios.
Bolívar 430, 3º piso - (1066) Capital Federal.

GRIE ANTONIO GRIEGO
Comercio e importación. Compra, venta e importación de pro-
ductos metalúrgicos.
Avda. Sáenz 619/23 - (1437) Capital Federal.

GRIM GRIMOLDI S.A.
Manufacturas. Fábrica y comercialización de calzado, carteras y
artículos afines.
Florida 251 - (1005) Capital Federal.

HERE M. HEREDIA Y COMPAÑÍA
Metalúrgicas. Fabrica de alambres, derivados, distribución de
artículos rurales, materia prima para metalúrgica y ferretería
general.
Piedras 343 - (1070) Capital Federal.

HIER HIERROMAT
Comercio e importación. Comercialización de productos
metalúrgicos. Materiales de construcción y sanitarios.
25 de Mayo 401, 1º piso - (1002) Capital Federal.

HILA   LA HIDRÓFILA ARGENTINA
        Textiles. Fábrica de material textil para curaciones.
        Hilandería y tejeduría de algodón
        Talcahuano 736, P.B. - (1391) Capital Federal.

HULI   HULYTEGO
        Manufacturas. Industria del caucho, hules, telas plásticas,
        espuma sintética, adhesivos y plásticos en general.
        Reconquista 336, 2º piso, of. 20 - (1335) Capital Federal

IGGA   IGGAM
        Consrucciones. Industrias de materiales de construcción
        y molienda de minerales.
        Defensa 1220 - (1143) Capital Federal.

INAL   INALRUCO S.A. PETROLERA
        Industrias primarias y extractiva. Petrolera.
        Tucumán 637, 7º piso - (1049) Capital Federal.

INDE   IN-DE-CO H. MINOLI
        Metalúrgicas. Fabricación de cojinetes antifricción
        para motores en general.
        Camino. Gral. Belgrano, Km. 6.500 (1900) - M. B. Gonnet -
        Buenos Aires.

INDU   INDUPA
        Industrias químicas. Industria electroquímica.
        Suipacha 636 - (1008) Capital Federal.

INTA   INTA IND. TEXTIL ARGENTINA
        Textiles. Hilandería, tejeduría y tintorería de algodón,
        fibrana y fibras sintéticas.
        Avda. Santa Fe 1970, 2º-3º pisos - (1123) Capital Federal.

INTE   INTERIOR
        Bancos. Operaciones bancarias en general.
        Tucumán 2540/44 - (3000) Santa Fe.

INTR   CÍA. INTRODUCTORA DE BS. AS.
        Industrias primarias y extractiva. Explotación de salinas
        y elaboración de sales especiales.
        Chile 778 - (1098) Capital Federal.

IPAK   IPAKO
        Industrias químicas. Explotación de las industrias
        petroquímicas.
        Avda. de Mayo 701 - (1084) Capital Federal.

IRSA   IRSA INVERSIONES Y REPRESENTACIONES
       Comercio e importación. Operaciones de representación
       e inversión mobiliaria e inmobiliaria.
       Bolívar 108 - 1º piso - (1066) Capital Federal.

IUTE   TEXTILYUTE
       Textiles. Hilandería y tejeduría de yute, fibras vegetales, fábrica
       de arpillera, planta de polipropileno.
       Avda. de Mayo 701, 17º piso - (1084) Capital Federal.

IVAS   I.V.A
       Textiles. Industria textil.
       Alsina 1440 - (1088) Capital Federal.

JMIN   JUAN MINETTI
       Construcciones. Fabricación de cemento portland.
       Ituzaingó 87, 1º piso - (5000) Córdoba.

LABO   LABORATORIOS ALEX
       Varios. Industria cinematográfica.
       Dragones 2250 - (1428) Capital Federal.

LAES   LA ESTRELLA
       Seguros. Operaciones de seguros en general.
       Juncal 1319 - (1062) Capital Federal.

LEDE   LEDESMA
       Industrias primarias y extractiva. Ingenio azucarero.
       Destilería de alcohol y fábrica de papel.
       Corrientes 415 - (1043) Capital Federal.

LEID   LEYDEN
       Metalúrgicas. Fabricación de condensadores eléctricos.
       Anchoris 273 - (1280) Capital Federal.

LLAU   ALEJANDRO LLAURÓ E HIJOS
       Industrias químicas. Elaboración de jabones y polvos
       limpiadores, productos de limpieza, esponjas y ceras para pisos.
       Bdo. de Irigoyen 972, 3º piso - (1072) Capital Federal.

LOMB   JOSÉ J. L. LOMBARDI E HIJOS
       Metalúrgicas. Cromo, litografía y hojalatería mecánica.
       Avda. Belgrano 634, 8º piso, of. "P" - (1092) Capital Federal

LONG   LONGVIE
       Metalúrgicas. Fabricación y venta de cocinas y hornos.
       Callao 2034 - (1024) Capital Federal.

LUTZ   LUTZ, FERRANDO Y COMPAÑÍA
        Comercio e importación. Optica, foto, cinematografía,
        audiología.
        Florida 240 - (1005) Capital Federal.

MAS   MASSUH
        Papeleras y artes gráficas. Fabricación de celulosa y papel.
        Rondeau 3241 - (1262) Capital Federal.

MATE   EMPRESA MATE LARANGEIRA MÉNDEZ
        Industrias primarias y extractiva. Molinos de yerba mate.
        San Martín 483, 5º piso - (1348) Capital Federal.

MIDL   MIDLAND COMERCIAL
        Comercio e importación. Comercialización
        de productos metalúrgicos, compraventa.
        Perú 590, 6º piso - (1068) Capital Federal.

MIGR   M.I.G.R.A.
        Metalúrgicas. Fabricación de máquinas agrícolas
        y repuestos para las mismas.
        Liniers 671 - (2000) Rosario, Santa Fe.

MINC   MINETTI Y CÍA. LTDA. S.A.I.C.
        Alimentación. Molinos harineros y fábrica de fideos.
        Salta 3508 - (2000) Rosario, Santa Fe.

MOLI   MOLINOS RÍO DE LA PLATA
        Alimentación. Explotación de molinos harineros. Fábrica de
        aceites vegetales y productos alimenticios en general.
        Paseo Colón 746 - (1323) Capital Federal.

MONS   MONTSERRAT
        Bancos. Operaciones bancarias en general.
        San Lorenzo 1346 - (2000) Rosario, Santa Fe.

MORI   MORIXE HERMANOS
        Alimentación. Explotación de molinos harineros.
        Cucha Cucha 234 - (1405) Capital Federal.

MULL   TINTORERÍA INDUSTRIAL MULLER
        Textiles. Tintorería industrial.
        Franklin D. Roosevelt 1646 - (1428) Capital Federal.

MUOZ   MUÑOZ
        Comercio e importación. Confección industrial, compra y venta
        de prendas de vestir y artículos para hombres.
        Esmeralda 184 - (1035) Capital Federal.

NERO   NEROLI
Manufacturas. Elaboración de laminados plásticos.
Moreno 970, 2º piso - (1091) Capital Federal.

NOUG   NOUGUÉS HERMANOS
Industrias primarias y extractiva. Comercio, agricultura y
ganadería.
Suipacha 552, 5º piso - (1008) Capital Federal.

ODOL   ODOL
Industrias químicas. Comercialización de artículos de higiene
personal y de tocador.
Viamonte 1465 - (1055) Capital Federal.

OLEA   ORC S.A.
Industrias primarias y extractiva. Molienda de semillas
oleaginosas y elaboración de aceites vegetales.
San Martín 323, 19º piso "B" - (1004) Capital Federal.

ORAN   ORANDI Y MASSERA
Bebidas. Destilación de alcoholes y bebidas.
Productos químicos.
Lavalle 1646, 2º piso, of. "6" - (1048) Capital Federal.

PADI   GUILLERMO PADILLA LIMITADA
Bebidas. Elaboración y venta de alcoholes y licores.
25 de Mayo 347, 7º piso, of. "702" - (1002) Capital Federal.

PAIN   PAPELERA INVERSORA S.A.
Financieras. Inversiones y aportes de capital a sociedades para
acciones y otorgamiento de créditos o garantías a favor de
terceros.
Fabián Onzari 545 - (1875) Wilde - Buenos Aires.

PAMP   FRIGORÍFICO LA PAMPA
Alimentación. Producción y suministro de frío industrial.
Pedro de Mendoza 347 - (1156) Capital Federal.

PAPE   LA PAPELERA DEL PLATA
Papeleras y artes gráficas. Fabricación y manufactura de papel.
Fabián Onsari 545 - (1875) Wilde, Buenos Aires.

PARA   LA INDUSTRIAL PARAGUAYA
Industrias primarias y extractiva. Industrias de maderas, yerba
mate y otros productos del país.
Colón 852 c/Piribebuy - CC. Nº 5 (9999) - Asunción - Paraguay.

PART   MASSALIN PARTICULARES
       Industrias primarias y extractiva. Fabricación y venta de
       cigarrillos y manufactura de tabacos.
       L. N. Alem 466, 9º piso - (1003) Capital Federal.

PATR   PATRICIOS
       Manufacturas. Fabricación de polvos de moldeo y resinas
       fenólicas.
       Bdo. de Irigoyen 308, 5º piso, of. "F" - (1379) Capital Federal.

PATA   IMP. Y EXP. DE LA PATAGONIA S.A.
       Comercio e importación. Comerciales.
       Avda. Roque S. Peña 547, 6º piso - (1035) Capital Federal.

PAZA   ANTONIO PANIZA
       Comercio e importación. Fabricación y comercialización de
       herramientas, máquinas y equipos para estaciones de servicio y
       talleres.
       Corrientes 640, 4º piso - (1043) Capital Federal.

PERE   COMPAÑÍA NAVIERA PÉREZ COMPANC
       Industrias Primarias y extractiva. Petrolera, financiera,
       comercial y forestal.
       Maipú 1, 22º piso - (1599) Capital Federal.

PERK   PERKINS ARGENTINA
       Metalúrgicas. Fabricación de motores diesel.
       Tte. Gral. J. D. Perón 725, 10º piso - (1038) Capital Federal.

PICA   NOBLEZA PICCARDO
       Industrias primarias y extractiva. Manufactura de cigarrillos
       y tabacos.
       25 de Mayo 555, 1º piso - (1002) Capital Federal.

PIRE   PIRELLI CABLES
       Manufacturas. Fabricación de cables y conductores eléctricos.
       Avda. Argentina 6784 - (1439) Capital Federal.

PLAV   PLAVINIL ARGENTINA
       Manufacturas. Fabricación de telas plásticas.
       Timoteo Gordillo 5490 - (1439) Capital Federal.

PLUS   PLUSPETROL S.A.
       Industrias primarias y extractiva. Exploración y explotación de
       yacimientos de hidrocarburos.
       La Rioja 301 - (1214) Capital Federal.

POLL   POLLEDO
Construcciones. Construcción de obras.
Venezuela 925 - (1095) Capital Federal.

POPU   POPULAR
Bancos. Operaciones bancarias en general.
Florida 201 - (1005) Capital Federal.

PREN   PAPEL PRENSA
Papeleras y artes gráficas. Fabricación de papel prensa.
Bmé. Mitre 739, 2º piso - (1036) Capital Federal.

PROT   PROTTO HERMANOS
Metalúrgicas. Fábrica de ruedas y llantas.
Maipú 942, 17º piso - (1340) Capital Federal.

QUES   QUÍMICA ESTRELLA
Industrias químicas. Elaboración de materiales de curación,
químicos, farmacéuticos, de tocador, compra y venta de drogas
y especialidades medicinales
Avda. de los Constituyentes 2995 - (1427) Capital Federal.

QUIM   COMPAÑÍA QUÍMICA
Industrias químicas. Fabricación, importación y venta
de productos químicos, petroquímicos, fertilizantes, plaguicidas
e higiene.
Sarmiento 329, 1º piso - (1041) Capital Federal.

RAGO   RAGOR
Industrias químicas. Destilerías de petróleo y alquitrán.
Bmé. Mitre 853, 3º/4º pisos - (1346) Capital Federal.

REGE   GARCÍA REGUERA
Comercio e importación. Tienda en general, importadores,
mayoristas y minoristas con sucursales múltiples.
Moreno 1432 - (1093) Capital Federal.

REPU   REPÚBLICA
Seguros. Operaciones de seguros en general.
San Martín 627, 4º piso - (1374) Capital Federal.

RIGO   RIGOLLEAU
Manufacturas. Fábrica de vidrios.
Paseo Colón 800 - (1063) Capital Federal.

ROSE   INSTITUTO ROSENBUSH
        Industrias químicas. Elaboración y ventas
        de productos veterinarios.
        San José 1469 - (1136) Capital Federal.

SAIN   SAINT HERMANOS
        Alimentación. Elaboración de cacao, golosinas y otros
        productos similares.
        Herrera 899, 2º piso - (1273) Capital Federal.

SAUC   CANTERAS EL SAUCE
        Construcciones. Explotación de cales y cementos.
        Avda. de Mayo 633, 5º piso - (1084) Capital Federal.

SCAN   SCANIA ARGENTINA S.A.
        Metalúrgicas. Fábrica de máquinas, partes, productos
        terminados y/o equipos relacionados con la industria del
        transporte
        Tacuarí 147, 2º piso - (1071) Capital Federal.

SCHI   SCHIARRE
        Metalúrgicas. Explotación y fábrica de implementos agrícolas.
        Ruta Nacional Nº 9, Km. 446 - (2580) Marcos Juárez, Córdoba.

SEDA   SEDALANA
        Textiles. Hilandería y fábrica de tejidos.
        Reconquista 336, 2º piso "20" - (1335) Capital Federal.

SEMA   SEMACO
        Construcciones. Obras viales. Construcciones.
        Córdoba 1147, 11º piso - (2000) Rosario, Santa Fe.

SEMI   MOLINOS JUAN SEMINO
        Alimentación. Molino Harinero y Comercialización
        de derivados de la molienda de trigo.
        Boulevard Americano s/nº - (2138) Carcarañá, Santa Fe.

SEVE   SEVEL ARGENTINA S.A.
        Metalúrgicas. Fabricantes de automotores.
        Avda. Eduardo Madero 940, 15º piso - (1106) Capital Federal.

SHAW   SHAW
        Bancos. Operaciones bancarias en general.
        Sarmiento 355 - (1041) Capital Federal.

SILV   GTE SYLVANIA
Manufacturas. Fabricación de tubos fluorescentes, de rayos
catódicos, lámparas varias.
Avda. L. N. Alem 1110, 13º piso - (1001) Capital Federal.

SNIA   SNIAFA
Textiles. Fabricación de hilados de rayón, fibrana, hilados
sintéticos y papel transparente.
Bdo. de Irigoyen 308 - (1379) Capital Federal.

SOLM   PRODUCTOS SOLMAR
Industrias químicas. Fabricación de jabones de tocador.
Paraná 473, 4º piso, of. "23" - (1017) Capital Federal.

SOLP   SOL PETRÓLEO
Industrias primarias y extractivas.
Extracción, industrialización, comercialización y transporte de
petróleo y derivados.
Maipú 942, 4º piso "C" - (1340) Capital Federal.

SUPE   SUPERVIELLE SOCIETÉ GÉNÉRALE
Bancos. Operaciones bancarias en general.
Reconquista 330 - (1003) Capital Federal.

TABA   ING. Y REF. S. M. DEL TABACAL
Industrias primarias y extractiva. Producción e industrialización
de caña de azúcar, citrus y destil. de alcohol.
Avda. L. N. Alem 986, 10º piso - (1001) Capital Federal.

TAND   METALÚRGICA TANDIL
Metalúrgicas. Industria metalúrgica.
25 de mayo 244, 6º piso - (1002) Capital Federal.

TEAR   TELEFÓNICA DE ARGENTINA S.A.
Teléfonos. Electricidad. Prestación de servicios
de telecomunicaciones.
Avda. de Mayo 701, 23º piso - (1084) Capital Federal.

TECO   TELECOM ARGENTINA STET FRANCE
Teléfonos. Electricidad. Prestación de servicios
de telecomunicaciones.
Maipú 1210, 9º piso - (1006) Capital Federal.

TELE   CÍA. ARGENTINA DE TELÉFONOS
Teléfonos. Electricidad. Servicio público telefónico.
Avda. Belgrano 894, 3º piso - (1092) Capital Federal.

TEME   TECNOMETAL
        Metalúrgicas. Fábrica y venta de arts. y máquinas
        para fundición de acoplamientos elásticos para industria.
        Céspedes 2639, P.B. - (1426) Capital Federal.

TERR   ESTABLECIMIENTO MODELO TERRABUSI
        Alimentación. Fábrica de bizcochos. Galletitas y fideos.
        San José 1060 - (1076) Capital Federal.

TRIT   TRITUMOL
        Industrias primarias y extractivas. Industrialización
        de subproductos ganaderos y fertilizantes.
        Corrientes 456, 3º piso - (1366) Capital Federal.

TRUS   EL TRUST JOYERO RELOJERO
        Comercio e importación. Venta de artículos de joyería,
        relojería, bazar y regalos.
        Corrientes 1000, 1º piso - (1043) Capital Federal.

UBOL   REFINERÍA METALES UBOLDI S.A.
        Metalúrgicas. Refinería y fundición de aleaciones no ferrosas.
        Tte. Gral. Juan D. Perón 949, 12º piso - (1038) Capital Federal.

UNIO   UNIÓN GREMIAL
        Seguros. Operaciones de seguros en general.
        General Mitre 665/89 - (2000) Rosario, Santa Fe.

VALO   MERCADO DE VALORES DE BUENOS AIRES
        Varios. Liquidar y garantizar las operaciones
        de los agentes de bolsa.
        25 de Mayo 367, 9º piso - (1002) Capital Federal.

VASA   VASALLI ROQUE
        Metalúrgicas. Fabricación de maquinarias agrícolas.
        Avda. 9 de julio 1603 - (2630) Firmat, Santa Fe.

VILL   TERMAS VILLAVICENCIO
        Bebidas. Envasado y venta de agua mineral.
        Godoy Cruz 2670 - (1425) Capital Federal.

VUCO   VUCOTEXTIL
        Textiles. Fábrica de casimires de lana peinada, hilandería,
        tintorería y apresto industrial.
        Carabelas 281, 5º piso, dto. "H" - (1009) Capital Federal.

WELB   WELBERS INDUSTRIAL LIMITADA
Industrias primarias y extractivas. Ingenio azucarero. Destilería
de alcohol. Elaboración de papel.
Ruta Nac. 11, Km. 890 - (3586) Las Toscas, Santa Fe.

WELS   WELLS ARGENTINA
Textiles. Fábrica de hilados y casimires de lana peinada.
Avda. Santa Fe 1531, 5º piso - (1059) Capital Federal.

ZANE   ZANELLA HERMANOS Y COMPAÑÍA
Metalúrgicas. Industria metalúrgica y comercialización
de productos afines.
Viamonte 1167, 5º piso - (1053) Capital Federal.

APENDICE

LEY 17.811

LEY DE OFERTA PUBLICA DE VALORES, BOLSAS O MERCADOS DE COMERCIO Y MERCADO DE VALORES

Sanción y promulgación: 16 julio 1968.
(*B.O.* 22/VII/68)

CAPITULO I

COMISION NACIONAL DE VALORES

Artículo 1º. – La Comisión Nacional de Valores es una entidad autárquica con jurisdicción en toda la República. Sus relaciones con el Poder Ejecutivo se mantienen por intermedio del Ministerio de Economía y Trabajo de la Nación.

Art. 2º. – Sus funciones las ejerce un Directorio compuesto de cinco miembros designados por el Poder Ejecutivo Nacional. Duran siete años en el ejercicio de sus cargos y son reelegibles. Deben ser personas de notoria idoneidad en la materia, por sus antecedentes o actividades profesionales. No pueden desempeñar otra actividad remunerada, salvo la docencia y comisiones de estudio.

Art. 3º. – El Poder Ejecutivo Nacional designa al presidente y vicepresidente del Directorio. El presidente o, en su caso, el vicepresidente, ejerce la representación de la Comisión Nacional de Valores y tiene voto decisivo en caso de empate.

El Directorio puede sesionar con la presencia de tres de sus integrantes, adoptándose las decisiones por mayoría de votos de los presentes.

Art. 4º. – La designación, suspensión y remoción del personal corresponde al Directorio. Los miembros del Directorio y el personal gozan de las asignaciones que les fije el Presupuesto Nacional.

Art. 5º. – El gasto que demande el funcionamiento de la Comisión Nacional de Valores, es cubierto con los recursos que le asigne el Presupuesto General de la Nación. El producido de las multas previstas en esta ley ingresa a las Rentas Generales de la Nación.

Art. 6º. - La Comisión Nacional de Valores tiene las siguientes funciones:

a) autorizar la oferta pública de títulos valores;

b) asesorar al Poder Ejecutivo nacional sobre los pedidos de autorización para funcionar que efectúen las bolsas de comercio, cuyos estatutos prevén la cotización de títulos valores, y los mercados de valores;

c) llevar el índice general de los agentes de bolsa inscriptos en los mercados de valores;

d) llevar el registro de las personas físicas y jurídicas autorizadas para efectuar oferta pública de títulos valores y establecer las normas a que deben ajustarse aquéllas y quiénes actúan por cuenta de ellas;

e) aprobar los reglamentos de las bolsas de comercio relacionados con la oferta pública de títulos valores, y los de los mercados de valores;

f) fiscalizar el cumplimiento de las normas legales, estatutarias y reglamentarias en lo referente al ámbito de aplicación de la presente ley;

g) solicitar al Poder Ejecutivo nacional, el retiro de la autorización para funcionar acordada a las bolsas de comercio cuyos estatutos prevean la cotización de títulos valores y a los mercados de valores, cuando dichas instituciones no cumplan las funciones que les asigna esta ley.

Art. 7º. - La Comisión Nacional de valores dicta las normas a las cuales deben ajustarse las personas físicas o jurídicas que, en cualquier carácter, intervengan en la oferta pública, de títulos valores, a los efectos de acreditar el cumplimiento de los requisitos establecidos en esta ley. En el ejercicio de sus funciones puede:

a) requerir informes y realizar inspecciones e investigaciones en las personas físicas y jurídicas sometidas a su fiscalización;

b) recabar el auxilio de la fuerza pública;

c) iniciar acciones judiciales;

d) denunciar delitos o constituirse en parte querellante.

Art. 8º. - Las informaciones recogidas por la Comisión Nacional de Valores, en ejercicio de sus facultades de inspección e investigación tienen carácter secreto. Los jueces deben rechazar de oficio todo pedido de requerimiento de dichas informaciones a la Comisión, salvo en los procesos penales por delitos comunes directamente vinculados con los hechos que se investiguen.

Art. 9º. - El Directorio y el personal de la Comisión Nacional de Valores deben guardar secreto de las informaciones obtenidas en el ejercicio de sus funciones. En caso de violarlo se harán pasibles de las sanciones administrativas y penales que correspondan.

Art. 10. - Las personas físicas y jurídicas que cumplan las disposiciones de esta ley y las reglamentarias sin perjuicio de las acciones civiles o penales pertinentes son pasibles de las sanciones siguientes:

a) apercibimiento;

b) multa de m$n 100.000 a m$n 10.000.000. En el caso de las personas jurídicas debe ser aplicada a los directores, administradores y gerentes que resulten responsables, en forma solidaria;

c) suspensión de hasta dos años para efectuar ofertas públicas de títulos valores;

d) prohibición de efectuar ofertas públicas de títulos valores.

Art. 11.– Cuando la Comisión Nacional de Valores verifique que un agente de bolsa al realizar operaciones en un mercado de valores ha transgredido disposiciones de esta ley o reglamentarias, debe ponerlo en conocimiento del respectivo mercado, a quien compete aplicar las medidas disciplinarias correspondientes.

Art. 12.– Las sanciones establecidas en el artículo décimo son aplicadas por la Comisión Nacional de Valores, mediante resolución fundada, previo sumario sustanciado de acuerdo con las siguientes normas;

Se dará traslado de las imputaciones por cinco días al sumariado, quien al contestar debe ofrecer sus defensas y pruebas. Debe acompañar la instrumental, y si no pudiera hacerlo, indicar dónde se encuentra. Si ofrece testigos, enunciar en forma sucinta los hechos sobre los cuales deben declarar.

Las pruebas deben ser recibidas en un plazo que no exceda de diez días, con intervención del sumariado. Las audiencias son públicas, excepto cuando se solicite que sean reservadas y no exista interés público en contrario.

La Comisión puede citar y hacer comparecer testigos, obtener informes y testimonios de instrumentos públicos y privados, disponer pericias y cualquier otra medida de prueba.

El sumariado puede presentar memorial dentro de los tres días de cerrado el período de prueba. La Comisión Nacional de Valores debe dictar resolución definitiva dentro de los cinco días pudiendo disponer su publicación a costa del infractor.

Las decisiones que se dicten durante la sustanciación del sumario son irrecurribles, pero pueden ser cuestionadas al interponerse el recurso respectivo si se apelara de la resolución definitiva.

La conducción de los sumarios debe estar a cargo del miembro del Directorio que en cada caso se designe.

La Comisión Nacional de Valores, cuando hubiere peligro en la demora puede, al iniciar el sumario o en cualquier estado del mismo, suspender preventivamente por un plazo que no excederá de treinta días, la ejecución de cualquier acto sometido a su fiscalización.

Art. 14.– Las resoluciones definitivas aplicando sanciones, salvo la de apercibimiento, sólo son recurribles ante la Cámara Nacional de Apelaciones en lo Federal de la jurisdicción que corresponda, dentro del plazo de quince días desde su notificación. En la Capital Federal intervendrá la Cámara Nacional de Apelaciones en lo Comercial.

El escrito de interposición y fundamento del recurso se presentará ante la Comisión Nacional de Valores, la que debe elevarlo a la Cámara, con el sumario, dentro del tercero día.

La Cámara debe resolver sin otra sustanciación, salvo las medidas para mejor proveer.

El recurso se concede al solo efecto devolutivo.

Art. 15. – Sólo las resoluciones que aplican apercibimiento dan lugar al recurso de reconsideración ante la Comisión Nacional de Valores. Debe interponerse en escrito fundado dentro del término de 10 días y resuelto sin otra sustanciación.

CAPITULO II

OFERTA PUBLICA DE TITULOS VALORES

Art. 16. – Se considera oferta pública la invitación que se hace a personas en general o a sectores o grupos determinados para realizar cualquier acto jurídico con títulos valores, efectuada por los emisores o por organizaciones unipersonales o sociedades dedicadas en forma exclusiva o parcial al comercio de aquéllos, por medio de ofrecimientos personales, publicaciones periodísticas, transmisiones radiotelefónicas o de televisión, proyecciones cinematográficas, colocación de afiches letreros o carteles, programas, circulares y comunicaciones impresas o cualquier otro procedimiento de difusión.

Art. 17. – Pueden ser objeto de oferta pública únicamente los títulos valores emitidos en masa, que por tener las mismas características y otorgar los mismos derechos dentro de su clase, se ofrecen en forma genérica y se individualizan en el momento de cumplirse el contrato respectivo.

Art. 18. – La oferta pública de títulos valores emitidos por la Nación, las provincias, las municipalidades, los entes autárquicos y las empresas del Estado, no está comprendida en esta ley, sin perjuicio de las facultades del Banco Central de la República Argentina, en ejercicio de sus funciones de regulador de la moneda y del crédito. Se considera oferta pública sujeta a las disposiciones de esta ley, la negociación de los títulos valores citados cuando la misma se lleva a cabo por una persona física o jurídica privada, en las condiciones que se establecen en el art. 16.

Art. 19. – La Comisión Nacional de Valores debe resolver la solicitud y autorización para realizar oferta pública dentro del plazo de treinta días a partir de la fecha de su presentación. Cuando vencido dicho plazo, no se hubiera expedido, el interesado puede requerir pronto despacho. A los diez días de presentado este pedido si la Comisión Nacional de Valores no se hubiera pronunciado, se considera concedida la autorización, salvo que aquélla prorrogue el plazo mediante resolución fundada. Dicha prórroga no puede exceder de treinta días a partir de la fecha en que se disponga. Vencido este nuevo plazo, la autorización se considera otorgada. La resolución que deniegue la autorización es recurrible, aplicándose a tal efecto las mismas normas de competencia y procedimiento establecidas en el art. 14.

La denegatoria no puede fundarse en razones de oportunidad o conveniencia.

La autorización para efectuar oferta pública, de determinada cantidad de títulos valores, no importa autorización para el ofrecimiento de otros emitidos por el mismo emisor, aun cuando tengan las mismas características.

Art. 20.– El Banco Central de la República Argentina en ejercicio de sus funciones de regulador de la moneda y del crédito, puede limitar, con carácter general y temporario, la oferta pública de nuevas emisiones de títulos valores. Esa facultad podrá ejercerla indistintamente respecto a los títulos valores públicos o privados. La resolución debe ser comunicada a la Comisión de Valores, para que suspenda la autorización de nuevas ofertas públicas y a las bolsas de comercio para que suspendan la autorización de nuevas cotizaciones.

Art. 21.– Pueden realizar oferta pública de títulos valores las sociedades que los emitan y las personas físicas o jurídicas inscriptas en el Registro establecido por el art. 6º, inc. d) de esta ley. Estas últimas deben llevar un registro o fichero con los datos personales, documentos de identidad

y firma de sus clientes. El agente de bolsa que opere exclusivamente en un mercado de valores, está exento del cumplimiento de los recaudos mencionados en este artículo.

CAPITULO III
BOLSAS O MERCADO DE COMERCIO EN GENERAL

Art. 22.– Las bolsas o mercados de comercio deben constituirse como asociaciones civiles con personería jurídica o como sociedades anónimas.

Art. 23.– Los reglamentos de las bolsas o mercados de comercio deben asegurar la realidad de las operaciones y la veracidad de su registro y publicación.

Art. 24.– El resultado de las operaciones realizadas habitualmente en una bolsa o mercado de comercio, determina el precio corriente de los bienes negociados.

Art. 25.– Las operaciones de bolsa deben concertarse para ser cumplidas. Las partes no pueden substraerse a su cumplimiento invocando que tuvieron intención de liquidarlas mediante el pago de la diferencia entre los precios que se registren al tiempo de la concertación y al de la ejecución.

Art. 26.– Los estatutos y reglamentos de las bolsas o mercados de comercio deben establecer en qué casos y bajo qué condiciones esas entidades garantizan el cumplimiento de las operaciones que en ellas se realizan o registran.

Art. 27. – Las bolsas o mercados de comercio pueden organizar cámaras compensadoras para liquidar las operaciones. Asimismo, pueden realizar transacciones financieras tendientes a facilitar la concertación de operaciones bursátiles de acuerdo con sus estatutos y reglamentos.

CAPITULO IV
BOLSAS DE COMERCIO AUTORIZADAS A COTIZAR TITULOS VALORES Y MERCADOS DE VALORES

Art. 28. – Las bolsas de comercio, cuyos estatutos prevean la cotización de títulos valores, y los mercados de valores, que deseen constituirse en el futuro, deben requerir autorización el Poder Ejecutivo nacional por intermedio de la Comisión Nacional de Valores, para desarrollar las funciones que esta ley asigna a esas entidades.

Art. 29. – La intervención de la Comisión Nacional de Valores prevista en el artículo anterior se ejerce sin perjuicio de la que corresponda a otros organismos estatales de la Nación o de las provincias.

Art. 30. – Las bolsas de comercio cuyos estatutos prevean la cotización de títulos valores, deben:

a) autorizar, suspender y cancelar la cotización de títulos valores en la forma que dispongan sus reglamentos;

b) establecer los requisitos que deben cumplirse para cotizar títulos valores y mientras subsista la autorización;

c) controlar el cumplimiento de las disposiciones legales y reglamentarias por parte de las sociedades cuyos títulos valores se coticen;

d) dictar las normas y medidas necesarias para asegurar la veracidad de los balances y demás documentos que deban presentarles o publicar las sociedades cuyos títulos valores tienen cotización autorizada;

e) dictar normas reglamentarias que aseguren la veracidad en el registro de las cotizaciones y publicar las mismas y los precios corrientes.

Art. 31. – Las facultades mencionadas en el artículo anterior deben ser ejercidas previo dictamen de una Comisión de Títulos que deben constituir cada bolsa de comercio. Las comisiones de títulos están integradas por el presidente del mercado de valores respectivo, o quien lo reemplace y por los representantes de emisores, inversores y demás actividades interesadas que nombrarán las bolsas de comercio.

Art. 32. – Para que una bolsa de comercio pueda autorizar la cotización de un título valor privado, es requisito previo que éste haya sido autorizado por la Comisión Nacional de Valores para ser ofrecido públicamente.

Art. 33. – Las bolsas de comercio cuyos estatutos prevean la cotización de títulos valores están autorizadas a percibir los derechos y aranceles que deben satisfacer los emisores por la cotización y las partes en cada operación, los cuales son fijados por las bolsas y presentados al Ministerio de Economía y Trabajo de la Nación a los efectos de su aprobación. Se considerarán definitivamente establecidos si dicho Ministerio no se pronuncia dentro del plazo de sesenta días a partir de su presentación.

Art. 34. – Las decisiones de las bolsas de comercio que denieguen, suspendan o cancelen la cotización de títulos valores son recurribles por violación de los reglamentos de dichas entidades, dentro del plazo de quince días, ante los tribunales ordinarios de segunda instancia de la jurisdicción que corresponda.

El escrito de interposición y fundamento del recurso se presenta ante la bolsa de comercio, la cual debe elevarlo al tribunal dentro del tercero día. El Tribunal resuelve sin otra sustanciación, salvo las medidas que dicte para mejor proveer. El recurso se concede al solo efecto devolutivo.

Art. 35. – Los mercados de valores deben consitutirse como sociedades anónimas con acciones nominativas endosables o no. No pueden usar la denominación "mercados de valores" u otra similar ni desarrollar actividades propias de tales instituciones, las entidades que no hayan sido autorizadas de acuerdo con la presente ley.

Art. 36. – Los mercados de valores sólo pueden permitir la negociación de títulos valores cuya cotización hubiese sido autorizada por la bolsa de comercio que integren y las que deban realizarse por orden judicial. Las operaciones sobre títulos valores dispuestas en expedientes judiciales, deben ser efectuadas por un agente de bolsa en el respectivo recinto de operaciones.

Art. 37. – Los mercados de valores deben dictar las normas y medidas necesarias para asegurar la realidad de las operaciones que efectúen los agentes de bolsa.

Art. 38. – Los mercados de valores están autorizados a percibir los derechos y aranceles que deben satisfacer las partes en cada operación, aplicándose lo dispuesto en el art. 33, respecto a su fijación y aprobación.

CAPITULO V

AGENTES DE BOLSA

Art. 39. – Los mercados de valores deben llevar un registro de agentes de bolsa. Ninguna persona física o jurídica puede operar en un mercado de valores ni usar la denominación de agente de bolsa o desarrollar actividades de tal, sin estar inscripta en el registro del mercado correspondiente.

Art. 40.— Los mercados de valores deben poner en conocimiento de la Comisión Nacional de Valores, toda información referente a los nuevos agentes de bolsa que inscriban en sus registros, la eliminación de inscripciones y cualquier modificación que al respecto se produzca.

Art. 41.— Para ser agente de bolsa, sin perjuicio de las condiciones que exija el respectivo mercado, se requiere:

a) ser mayor de edad;

b) ser accionista del mercado de valores correspondiente y haber constituido una garantía a la orden del mismo;

c) poseer idoneidad para el cargo, solvencia moral y responsabilidad patrimonial, a juicio del mercado de valores respectivo;

d) ser socio de la bolsa de comercio a la cual esté adherido el mercado de valores correspondiente.

Art. 42.— No pueden ser inscriptos como agentes de bolsa:

a) los fallidos por quiebra culpable o fraudulenta; los fallidos por quiebra casual y los concursados, hasta cinco años después de su rehabilitación; los condenados con pena de inhabilitación para ejercer cargos públicos, los condenados por delito, cometido con ánimo de lucro o por delito contra la fe pública;

b) las personas en relación de dependencia con las sociedades que coticen sus acciones;

c) los funcionarios y empleados rentados de la Nación, las provincias y municipalidades; con exclusión de los que desempeñen actividades docentes o integren comisiones de estudio;

d) las personas que ejercen tareas que las reglamentaciones de los mercados de valores declaren incompatibles con la función de agente de bolsa.

Cuando la incompatibilidad sobrevenga a la inscripción, el agente de bolsa queda suspendido en sus funciones hasta tanto aquella desaparezca.

Art. 43.— Los reglamentos de los mercados de valores deben establecer la forma en que los aspirantes a agente de bolsa han de acreditar los requisitos y condiciones para su inscripción y el plazo dentro del cual la entidad debe expedirse.

En caso de que el mercado de valores deniegue la inscripción, el solicitante puede interponer los recursos previstos en el art. 60, aplicándose a tales efectos las normas señaladas en los arts. 60 y 61.

La solicitud denegada sólo puede reiterarse dos años después de haber quedado firme la pertinente resolución.

Art. 44.— Los reglamentos de los mercados de valores deben establecer las formalidades y requisitos que han de cumplir las sociedades de agentes de bolsa y las constituidas entre éstos y otras personas. Deben fijar también las condiciones de admisión, idoneidad, solvencia moral y responsabilidad material que han de reunir los socios que no sean agentes de bolsa.

Los socios actúan en nombre de la sociedad y no pueden operar en títulos valores en nombre propio.

Son aplicables a las sociedades de agentes de bolsa y a las constituidas entre éstos y otras personas, las disposiciones que regulan la actividad de los agentes de bolsa.

Art. 45. – Los agentes de bolsa, en ejercicio de sus funciones, deben ajustase a lo que dispongan los reglamentos de cada mercado.

Art. 46. – Los agentes de bolsa deben guardar secreto de las operaciones que realicen por cuenta de terceros, así como de sus nombres. Sólo pueden ser relevados de esta obligación por decisión judicial dictada en proceso criminal vinculado a esas operaciones o a terceros relacionados con ellas.

Sólo pueden aceptar órdenes de personas que previamente hayan acreditado su identidad y demás datos personales y registrado su firma en el registro que a ese efecto deben llevar.

Art. 47. – Los mercados de valores deben establecer los libros, registros y documentos que, sin perjuicio de las disposiciones legales pertinentes, han de utilizar los agentes de bolsa.

Art. 48. – Los mercados de valores pueden inspeccionar los libros y documentos de los agentes de bolsa, y solicitarse toda clase de informes. Las informaciones, obtenidas sólo pueden ser revela-

das, mediando las circunstancias señaladas en el art. 46.

Art. 49. – La firma de un agente de bolsa da autenticidad a los boletos y demás documentos correspondientes a las operaciones en que haya intervenido.

Art. 50. – Los aranceles de las comisiones que deben percibir los agentes de bolsa, por su intervención en los distintos tipos de operaciones son fijados por los respectivos mercados de valores y presentados al Ministerio de Economía y Trabajo de la Nación para su aprobación. Se considerarán definitivamente establecidos si dicho ministerio no se pronuncia en el término de sesenta días.

Art. 51. – Los agentes de bolsa solamente deben percibir las comisiones previstas en los respectivos aranceles. No deben eximir a sus comitentes del pago de las mismas, ni cederlas a otros agentes de bolsa o a terceros, salvo autorización del mercado de valores respectivo.

Capítulo VI

OPERACIONES DE BOLSA Y GARANTIAS

Art. 52. – En los mercados de valores se opera en títulos valores públicos o privados, de acuerdo con las condiciones que fijen los respectivos reglamentos.

Art. 53. – Cuando un mercado de valores garantice el cumplimiento de las operaciones, debe liquidar las que tuviese pendientes el agente de bolsa declarado en quiebra. Si de la liquidación resultase un saldo a favor del fallido, lo depositará en el juicio de quiebra.

Art. 54. – En los casos en que los mercados de valores no garanticen el cumplimiento de las operaciones, deben expedir a favor del agente de bolsa que hubiese sufrido una pérdida como consecuencia del incumplimiento del otro contratante, un certificado en el que conste la suma en pesos moneda nacional derivada de dicho incumplimiento. Este certificado constituye título ejecutivo para el cobro de la suma que figura en el mismo, contra el agente de bolsa deudor.

Art. 55. – El margen de garantía de las operaciones a plazo es fijado por los mercados de valores cuando éstos garanticen dichas operaciones, y entra en vigencia desde su publicación.

El Banco Central de la República Argentina, en cumplimiento de sus funciones de regulador de la moneda y el crédito, puede con carácter excepcional disponer la modificación de dicho margen.

Los reglamentos de los mercados de valores deben establecer la forma de constitución del margen de garantía y de reposición de la pérdida determinada por la fluctuación en la cotización de los títulos valores, con relación al precio concertado. Los márgenes y reposiciones deben quedar depositados en los mercados de valores.

Art. 56. – El comitente debe entregar al agente de bolsa la garantía y la reposición por diferencias dentro del plazo que establezca la reglamentación del mercado de valores. En caso contrario el agente queda autorizado para liquidar la operación.

Art. 57. – Los mercados de valores deben constituir un "Fondo de garantía" para hacer frente a los compromisos no cumplidos por los agentes de bolsa, originados en operaciones cuya garantía haya tomado a su cargo, con el 50% como mínimo de las utilidades anuales líquidas y realizadas.

Las sumas acumuladas en este fondo, hasta alcanzar un importe igual al capital suscripto, deben mantenerse disponibles o invertirse en títulos valores públicos con cotización autorizada. El excedente puede ser invertido en la forma y condiciones acordes con la finalidad de la entidad, o ser capitalizado conforme con la reglamentación del mercado respectivo.

Las sumas destinadas al fondo de garantía y este último están exentos de impuestos, tasas y cualquier otro gravamen fiscal.

Art. 58. – El agente de bolsa es responsable ante el mercado de valores por cualquier suma que dicha entidad hubiese abonado por su cuenta. El agente de bolsa, mientras no regularice su situación y pruebe que han mediado contingencias fortuitas o de fuerza mayor, queda suspendido.

CAPITULO VII

MEDIDAS DISCIPLINARIAS Y RECURSOS

Art. 59.- Los mercados de valores tienen facultades disciplinarias sobre los agentes de bolsa que violen la presente ley y las disposiciones que en su consecuencia se dicten y los estatutos y reglamentos de dichas entidades. Actúan de oficio, a requerimiento de la Comisión Nacional de Valores o a pedido de parte interesada; en este último caso, deben comunicarlo a la Comisión Nacional de Valores dentro de tercero día de recibido.

Pueden aplicar las siguientes medidas disciplinarias:

a) apercibimiento;

b) suspensión;

c) revocación de la inscripción para actuar como agente de bolsa.

Las medidas disciplinarias deben ser resueltas luego del descargo del sumariado o en su defecto real vencimiento de los tres días de avisos que deben ser publicados en la pizarra del mercado de valores.

Las medidas disciplinarias deben ser decididas con el quórum de la mitad más uno de los miembros del Directorio del mercado de valores y el voto de los dos tercios de los presentes.

La notificación de las medidas disciplinarias se efectúa en forma personal o, no siendo ésta posible, mediante su publicación en la pizarra del mercado de valores.

Cuando el sumario se hubiera iniciado a requerimiento de la Comisión Nacional de Valores, o a pedido de parte interesada, la resolución definitiva debe ser notificada a dicha Comisión.

El mercado de valores que aplique la medida disciplinaria debe comunicarla, dentro de tercero día, a todos los mercados de valores. Las medidas previstas en los incisos b) y c) de este artículo, producen efecto en todos los mercados de valores.

Art. 60.- La resolución sobre medidas disciplinarias, puede ser objeto del recurso de revocatoria ante el mercado y del judicial ante el Tribunal competente. Deben ser interpuestos por el sancionado, o por la Comisión Nacional de Valores cuando el mercado haya actuado a su requerimiento, dentro del plazo de quince días de notificada.

En los casos de apercibimiento o suspensión de hasta cinco días no procede el recurso judicial.

Cuando el recurso judicial sea interpuesto por la Comisión Nacional de Valores, es competente la Cámara Nacional de Apelaciones en lo Federal de la jurisdicción que corresponda, y en la Capital de la República, la Cámara Nacional de Apelaciones en lo Comercial. Si el recurso es interpuesto sólo por el agente de bolsa, tiene competencia en la Capital Federal este último Tribunal y en las provincias el Tribunal Ordinario de Segunda Instancia.

El escrito de interposición y fundamento del recurso se presenta ante el mercado de valores, quien debe elevarlo al Tribunal con todos sus antecedentes dentro de tercero día. El tribunal resuelve, sin otra sustanciación, salvo las medidas que dicte para mejor proveer.

El recurso se concede al solo efecto devolutivo.

Art. 61. – Si el agente de bolsa ha solicitado revocatoria, el recurso judicial debe ser interpuesto dentro de los diez días de notificada la resolución sobre la revocatoria o vencido el plazo de treinta días de la fecha de su interposición sin que el mercado se hubiese pronunciado.

Art. 62. – El agente de bolsa cuya inscripción hubiese sido cancelada, sólo puede pedir nueva inscripción una vez transcurrido el plazo de cinco años.

CAPÍTULO VIII

DISPOSICIONES GENERALES

Art. 63. – Los plazos a que se refiere la presente ley son perentorios y deben computarse en días hábiles.

Art. 64. – Esta ley regirá desde el 1º de enero de 1969. Dentro de los ciento ochenta días siguientes, las bolsas de comercio autorizadas a cotizar títulos valores y los mercados de valores que operan actualmente, deben ajustar los estatutos a sus disposiciones y someterlos a consideración del Poder Ejecutivo Nacional por intermedio de la Comisión Nacional de Valores.

Pueden a tal efecto, transformar su estructura jurídica en otra de las autorizadas sin que ello implique disolución, ni constitución de nueva sociedad o asociación.

Hasta tanto se aprueben las modificaciones propuestas, las bolsas de comercio citadas, los mercados de valores y los agentes de bolsa deben ajustarse a las normas establecidas en los respectivos estatutos y reglamentos.

Art. 65. – Los actuales comisionistas de bolsa quedan automáticamente inscriptos como agentes de bolsa en los registros de los respectivos mercados de valores.

Art. 66. – Las modificaciones estatutarias o transformación de estructuras jurídicas a que se refiere el art. 64 estarán exentas de impuestos y de todo otro gravamen.

Art. 67. – A partir de la fecha de vigencia de la presente ley quedan derogados los arts. 75 a 86 inclusive, del Código de Comercio; el dec.-ley 15.353/46, ratificado por ley 13.894; el art. 2º, inc. 4º de la ley 13.571; los arts. 3º, inc. d), primera parte, 43 y 44 del dec. 25.120/49; el dec. 12.793/49; los arts. 3º, inc. d), primera parte, 44 y 45 del dec.-ley 14.570/56; los arts. 2º, inc. b), 41 y 51 del dec.-ley 13.126/57; y toda otra disposición que se oponga a esta ley.

Art. 68. – Comuníquese, etc.

LEY 20.643

REGIMEN DE DESGRAVACION IMPOSITIVA PARA LOS TITULOS VALORES PRIVADOS. NOMINATIVIDAD DE LOS TITULOS VALORES PRIVADOS. CAJA DE VALORES

Sanción: 25 enero 1974.
Promulgación: 5 febrero 1974.
Publicación: *B.O.* 11/II/74.

TITULO I

REGIMEN DE DESGRAVACION IMPOSITIVA PARA LA COMPRA DE TITULOS VALORES PRIVADOS

CAPITULO UNICO

Artículo 1º. - Las personas físicas, las sucesiones indivisas y las sociedades de capital comprendidas en el art. 63 de la ley de impuesto a las ganancias, podrán computar como pago a cuenta del impuesto que les correspondiere por los períodos fiscales 1974, 1975 y 1976 las sumas que, según la escala y porcentaje que se establecen más adelante, depositen con destino a la compra de:

a) Acciones ordinarias y preferidas no rescatables;

b) *Debentures* y bonos emitidos o garantizados por la Corporación de la Mediana Empresa, el Banco Nacional de Desarrollo, los bancos oficiales de provincias y bancos de inversión destinados a financiar inversiones que tengan por objeto la descentralización económica y la promoción regional y cuyo plazo de rescate, a partir de la fecha de adquisición no sea inferior a tres (3) años;

c) Cuotas partes de fondos comunes de inversión (ley 15.885). La adquisición de estos valores mobiliarios quedará sujeta a lo que establecen los artículos siguientes:

Para el primer año de vigencia de esta ley se aplicará:

1. Para personas físicas y sucesiones indivisas, la siguiente escala:

– Impuesto de hasta $ 150 el 100%.

– Impuesto de $ 151 hasta $ 300: $ 150 más el 20% sobre el excedente de $ 150.

– Impuesto de $ 301 hasta $ 1.000: $ 180 más el 15% sobre el excedente de $ 300.

– Impuesto de $ 1.001 hasta $ 2.500; $ 285 más el 10% sobre el excedente de $ 1.000.

– Impuesto de $ 2.501 en adelante: $ 435 más el 8% sobre el excedente de $ 2.500.

2. Para sociedades por acciones cualquiera sea el monto del impuesto, el tres por ciento (3%).

Los montos resultantes de aplicar la escala del punto 1 y el por ciento del punto 2 se reducirán en un tercio para el año 1975 y en dos tercios para el año siguiente.

En ningún caso los depósitos especiales que dispone este artículo podrán integrarse con documentos o certificados de cancelación de deuda o de reintegro de impuestos.

Art. 2º. – Los depósitos a que se refiere el art. 1º se efectuarán computando el porcentaje autorizado sobre:

a) El total de la obligación fiscal del año, en oportunidad del ingreso resultante de la declaración jurada anual; o

b) Cada uno de los pagos realizados en el curso del ejercicio fiscal en el momento de su realización. A estos efectos se entenderá por pago exclusivamente:

1. Los depósitos bancarios, documentos y certificados de cancelación de deudas y de reintegros de impuestos que correspondan a cancelación de obligaciones fiscales por el impuesto a las ganancias.

2. Las retenciones sufridas por contribuyentes incluidos en el art. 78, incs. a), b), c) y d) de la ley de impuesto a las ganancias.

En los casos 1 y 2 precedentes y aun cuando la opción al depósito no se hubiere ejercitado con relación a la totalidad de los pagos efectuados en el ejercicio, el contribuyente podrá –en oportunidad del pago del gravamen resultante de su declaración jurada anual– acogerse al régimen por el saldo que surja de detraer del total de la obligación fiscal del año, el o los pagos por los que ya hubiere ejercido la opción.

Cuando el saldo a pagar resultante de la declaración jurada fuere inferior al monto a depositar que surja por aplicación de las normas precedentes, podrá trasladarse el derecho de ejercer la opción sobre la diferencia, a ejercicios futuros dentro del período de vigencia establecido en el artículo 11.

Art. 3º. – El uso del depósito estará sujeto a las siguientes condiciones:

a) Deberá destinarse no menos del cincuenta por ciento (50%) de cada depósito con más la cantidad necesaria para redondear el importe de la operación a la compra de:

1. Nuevas emisiones de los títulos valores mencionados en el art. 1º de esta ley, que tengan por destino inversiones en activo fijo y capital de trabajo vinculado con esa inversión, de empresas de capital nacional en los términos de la ley de inversiones extranjeras, que hagan oferta pública de sus títulos valores o;

2. Cuotas partes de fondos comunes de inversión con destino específico a la suscripción de nuevas emisiones de los títulos valores mencionados en el apartado precedente, que coticen en Bolsa de Comercio.

3. Los títulos valores a los que se refiere el apartado b) del art. 1º.

b) El remanente a cada depósito podrá destinarse:

1.- A la compra de títulos valores de los mencionados en el art. 1º en circulación de empresas de capital nacional en los términos de la ley de inversioens extranjeras, que coticen en una Bolsa de Comercio del país, o

2. A la adquisición de cuotas partes de fondos comunes de inversión, con sujeción a los establecido en el art. 5º.

Las opciones entre los apartados dentro de cada inciso, podrán ejercerse en cualquier proporción.

Facúltase al Ministerio de Economía a variar, en los períodos cuatrimestrales a que se refiere el art. 7º, el porcentaje establecido en el apartado a) del presente artículo, cuando las circunstancias así lo hagan aconsejable.

Sin perjucio de lo establecido en el apartado b) del art. 1º, no podrá destinarse el depósito a la adquisición de acciones de sociedades cuya actividad básica sea la financiera.

El total depositado con destino a la compra de títulos valores comprendidos en esta ley o cuotas partes de fondos comunes de inversión, podrá ser utilizado para cancelar, además del precio de aquéllos, las erogaciones inherentes al régimen que autorice la Dirección General Impositiva.

Art. 4º – Las sociedades de capital a que se hace referencia en el art. 1º, podrán hacer uso de la franquicia siempre que el monto de la inversión en acciones sujetas a este régimen no supere el diez por ciento (10%) de su capital, reservas y saldos de revalúos contables autorizados por la ley, de acuerdo al último ejercicio comercial cerrado a la fecha de cada pago sujeto a este régimen.

Además en ningún caso serán computables a estos fines las inversiones que impliquen la tenencia por parte de la sociedad compradora de acciones de este origen que representen más del dos por ciento (2%) del capital de la sociedad emisora. En ningún caso la sociedad podrá ser adquirente de sus propias acciones.

Art. 5º. – Los fondos comunes de inversión que reciban suscripciones de cuotas partes con fondos que provengan de las inversiones a que se hace referencia en el art. 1º, deberán regir sus adquisiciones con los referidos recursos, en títulos valores de empresas de las indicadas en el art. 3º, con cotización en bolsa.

Art. 6º. – A los efectos indicados en el art. 1º, los interesados deberán depositar en cuentas del Banco Nacional de Desarrollo, de la Caja Nacional de Ahorro y Seguro o de bancos comerciales autorizados a ese objeto, el monto destinado a la adquisición de títulos valores o cuotas partes de fondos comunes de inversión sujetos al régimen de la presente ley.

Las instituciones autorizadas deberán suministrar a la Dirección General Impositiva y a la Comisión Nacional de Valores las informaciones que éstas requieran.

El Banco Central de la República Argentina oportunamente dictará las normas complementarias pertinentes. Las sumas depositadas de acuerdo con el presente régimen no devengarán intereses.

Art. 7º.— Las instituciones autorizadas para recibir los depósitos en cuestión emitirán dentro de los dos (2) días hábiles siguientes de ser requeridos por los interesados, órdenes de pago nominativas e intransferibles, indicando el tipo de inversión a efectuar en las condiciones mencionadas en el art. 3º según la opción que al respecto hubiere efectuado el depositante.

A los fines de cumplimentar este requerimiento se considerará el año calendario dividido en cuatrimestres.

Los depósitos de un cuatrimestre deben ser utilizados dentro del mismo o del cuatrimestre inmediato siguiente.

El Ministerio de Economía con la opinión de la Comisión Nacional de Valores podrá modificar el plazo fijado para la utilización de los depósitos, cuando la situación del mercado así lo aconseje.

El noventa por ciento (90%) del monto de los depósitos correspondientes a la franquicia de esta ley no utilizados dentro del último plazo establecido precedentemente, ingresará al Banco Central de la República Argentina, a fin de

que éste los destine a financiamiento mediante adelantos a los bancos de inversión, compañías financieras y de éstas a la Corporación de la Mediana y Pequeña Empresa para la prefinanciación y colocación de emisiones de títulos valores de los mencionados en el art. 1º, incs. a) y b).

El diez por ciento (10%) restante se utilizará para la difusión del sistema y para integrar un fondo de garantía con el fin específico de cubrir la responsabilidad de los agentes de bolsa frente a sus comitentes. La distribución de este diez por ciento (10%) será fijada por la Comisión Nacional de Valores y modificada cuando dicho organismo lo crea oportuno.

La Comisión de Valores programará la difusión del sistema. El fondo de garantía será administrado por los mercados de valores bajo la supervisión del citado organismo.

Art. 8º.— Los títulos valores y cuotas partes de fondos comunes de inversión que se adquieran a los fines de la franquicia, deberán permanecer depositados en el Banco Nacional de Desarrollo, la Caja Nacional de Ahorro y Seguros o en los bancos comerciales autorizados a este objeto, por el término de tres (3) años contados a partir de la fecha de adquisición, sin derecho a venta anticipada.

Los valores deberán depositarse en la misma institución donde se efectuará el depósito de la franquicia.

Los depositantes podrán transferir íntegramente las sumas o valores depositados a otra entidad de las autorizadas según esta ley para recibir depósitos o, respecto de valores, a la Caja de Valores creada por esta ley. Al efectuar la transferencia se dejará constancia de la fecha original de los depósitos.

El depósito no impedirá el ejercicio del derecho de voto, el cobro de dividendos, la suscripción de nuevas emisiones ni la libre disposición de los valores resultantes de tales actos.

Los contribuyentes podrán disponer la enajenación total o parcial de los valores depositados, con la condición de ordenar simultáneamente la inversión del producido neto total en la compra o suscripción de títulos valores mencionados en el art. 1º, rigiendo el término de indisponibidad originario.

La concreción de las operaciones de compra y venta deberán quedar finiquitadas dentro del cuatrimestre en que se ordenan. Los fondos no reinvertidos en dicho plazo tendrán el destino determinado en el art. 7º.

Art. 9º.– Los suscriptores de títulos valores alcanzados por los beneficios que otorgan los regímenes generales o especiales de promoción de la actividad económica, podrán optar por hacer uso de la franquicia que establece la presente ley con relación a tales valores siempre que renuncien, respecto de ellos, a los beneficios acordados por esos regímenes.

Las empresas beneficiarias de dichos regímenes sólo podrán gozar de la franquicia de esta ley, con relación a los pagos por impuesto correspondientes a utilidades no originadas en la actividad promovida.

Art. 10.– No podrán efectuarse depósitos destinados a la compra de títulos valores bajo el régimen de la presente ley, por sumas inferiores a pesos diez ($ 10), sin perjuicio de lo dispuesto en el el último párrafo del art. 2º.

Los saldos menores de pesos diez ($ 10) no utilizados al final de cada vencimiento permanecerán hasta finalizado el primer cuatrimestre del año siguiente y, si no fueran utilizados, tendrán el destino que se determina en el art. 7º.

La Dirección General Impositiva reglará el procedimiento en los casos de retenciones a contribuyentes comprendidos en el art. 78, incs. a), b), c) y d) de la ley de impuesto a las ganancias.

Art. 11.– El presente régimen será de aplicación, con respecto a personas físicas y sucesiones indivisas para los períodos fiscales 1974, 1975 y 1976 inclusive y, con respecto a sociedades comprendidas en el art. 63 de la ley del impuesto a las ganancias para los ejercicios cerrados entre el 1º de enero de 1974 y el 31 de diciembre de 1976 con las reducciones establecidas en el art. 1º de esta ley.

En ningún caso se admitirá el acogimiento general correspondiente al último ejercicio fiscal comprendido en el régimen.

Art. 12.– El Ministerio de Economía fijará por resolución la nómina de empresas cuyos títulos valores pueden ser adquiridos con fondos depositados, estando facultado para dictar las instrucciones que estime pertinentes.

Las sociedades deberán acreditar los extremos exigidos para ser calificadas de capital nacional en los términos de la ley de inversiones extranjeras, una vez vencido el término para la conversión de las acciones al portador en nominativas, conforme lo prevé la presente ley y dentro del plazo que fije el Ministerio de Economía.

Mientras ello ocurra, quedarán incorporadas a la nómina las sociedades comprendidas a la fecha de la sanción de esta ley en el régimen del dec.-ley 19.061/71, excluyéndose aquellas respecto de las cuales hubiera constancia de la participación de inversores extranjeros en proporción del veinte por ciento (20%) del capital o superior. Las sociedades deberán declarar de inmediato cuando tengan conocimiento de la participación de inversores extranjeros en la proporción indicada.

Art. 13. – Los fondos comunes de inversión cuyas cuotas partes pueden adquirirse con fondos del sistema, deberán ser administrados por sociedades gerentes de capital nacional, en los términos de la ley de inversiones extranjeras.

Las sociedades gerentes deberán acreditar ante el Ministerio de Economía dentro del plazo mencionado en el art. 12, los requisitos a que se refiere el párrafo anterior.

Dentro de igual lapso podrá transferirse la administración de esos fondos de inversión a socie-

dades gerentes que acrediten tales requisitos.

Art. 14. – Las sociedades comprendidas en esta ley podrán absorber fondos de este régimen a través de suscripciones hasta un monto máximo, por año calendario, de su capital según la siguiente escala:

Hasta $ 2.000.000
Desde $ 2.000.001
Hasta $ 10.000.000 $ 1.000.000 más el 45% sobre el excedente de $ 2.000.001
Desde $ 10.000.001
Hasta $ 20.000.000 $ 4.600.000 más el 40% sobre el excedente de $ 10.000.001
Desde $ 20.000.001
Hasta $ 40.000.000 $ 8.600.000 más el 30% sobre el excedente de $ 20.000.001
Desde $ 40.000.001
Hasta $ 80.000.000 $ 14.000.000 más el 20% sobre el excedente de $ 40.000.001
Desde $ 80.000.001
Hasta $ 160.000.000 $ 22.600.000 más el 15% sobre el excedente de $ 80.000.001

De más de $ 160.000.001 $ 34.000.000 más el 10% sobre el excedente de $ 160.000.001

El Ministerio de Economía en casos determinados podrá ampliar el monto máximo a absorber de los fondos de franquicia en atención a la entidad de la emisión, la adecuación del proyecto de inversión a las políticas generales sobre promoción, las condiciones generales del mercado y los fondos disponibles del sistema.

Art. 15. – Las sociedades incluidas en el régimen de la presente ley deberán ofrecer en suscripción nuevas emisiones de acciones por un valor nominal equivalente a por lo menos el cinco por ciento (5%) de su capital integrado por año calendario, comenzando el 1º de enero de 1974.

Si así no lo hicieren, quedarán suspendidas de la nómina de empresas acogidas, por resolución de la Comisión Nacional de Valores.

La suspensión quedará sin efecto al efectuarse una emisión para suscripción del monto mínimo mencionado, cuya oferta pública sea autorizada. Esta disposición será reglamentada por la Comisión Nacional de Valores.

Art. 16. – En las nuevas emisiones no podrán utilizarse fondos provenientes de la aplicación del sistema, sino en las siguientes condiciones:

a) Cuando la cotización de las acciones de la sociedad se encuentre en un diez por ciento (10%) o más por debajo de la par, ajustándose al dec.-ley 19.060/71.

b) Cuando la cotización de las acciones se encuentre en un veinte por ciento (20%) o más por encima de la par, con prima.

La Comisión Nacional de Valores reglamentará la aplicación de este artículo de forma tal que el precio de suscripción equivalga a por lo menos el ochenta por ciento (80%) del valor de cotización.

Art. 17. – Las disposiciones del artículo anterior sólo serán aplicables a las emisiones de títulos valores de las sociedades comprendidas en este régimen, dispuestas por asambleas realizadas con posterioridad a su sanción.

Art. 18. – La Dirección General Impositiva tendrá a su cargo la aplicación y fiscalización del régimen establecido por el presente título, el que se regirá por las normas de la ley 11.683, t.o. en 1968 y sus modificaciones.

La desafectación antes de su inversión en acciones, de los fondos depositados, sólo procederá previa certificación del citado organismo.

Art. 19. – Los depósitos originados en la franquicia organizada por el dec.-ley 19.061/71 y sus modificaciones, podrán ser utilizados con arreglo a las disposiciones de la presente ley.

TITULO II

EMISIONES POR DEBAJO DE LA PAR Y BONOS CONVERTIBLES. MODIFICACIONES

Art. 20. – Sustitúyense los arts. 3º, el inc. 2º del art. 6º, el art. 11 y el primer párrafo del art. 17 del dec.-ley 19.060/71, por los siguientes:

Artículo 3º. – La emisión, su oportunidad, forma, características y condiciones de pago, deberá ser propuesta por el directorio y resuelta por asamblea extraordinaria. Cada acción, cualquiera sea su clase, tendrá un voto para esta decisión.

Artículo 6º, inc. 2º. - La Comisión Nacional de Valores autorizará las emisiones indicadas, cuando del análisis de los documentos presentados y de las aclaraciones que requiera surja su consistencia.

Artículo 11. - La emisión deberá ser resuelta por asamblea extraordinaria. Cada acción, cualquiera sea su clase, tendrá su voto para esta decisión.

La determinación debe publicarse por un día, en el diario de publicaciones legales de la sede de la sociedad. Todos los accionistas tendrán derecho de preferencia para suscribir la emisión, el que se ejercerá dentro de los treinta días de la publicación.

Artículo 17 (Primer párrafo). - Luego de celebrada la asamblea que decida la emisión de los bonos y hasta que se produzca la conversión, la sociedad no podrá amortizar su capital. Los aspectos relativos a la modificación del valor nominal de las acciones, distribución o capitalización de reservas o modificación del sistema de repartición de utilidades, serán reglamentados por el Poder Ejecutivo con el propósito de preservar los derechos de los bonistas.

Art. 21. - Modifícase el art. 5º del dec.-ley 19.060/71, reduciéndose el plazo para ejercer el derecho de preferencia a treinta (30) días.

NOMINATIVIDAD DE LOS TITULOS VALORES PRIVADOS

CAPITULO I

REGIMEN APLICABLE

Art. 22. - Los títulos valores privados emitidos en serie en el país, deben ser nominativos no endosables.

Art. 23. - La transmisión de los títulos valores a los que se refiere el artículo precedente y los derechos reales que recaigan sobre los mismos deben constar en el título, notificarse al emisor e inscribirse en el registro que éste llevará a esos fines.

Los actos referidos sólo producen efectos frente al emisor y terceros desde la fecha de la inscripción.

La reglamentación dispondrá las constancias que deben figurar en el título y en los registros del emisor, sobre las modalidades de cada operación y los datos de las partes intervinientes.

Art. 24. - Las medidas precautorias dispuestas sobre títulos valores a que se refiere la presente ley, surten efecto con su notificación al emisor e inscripción en el registro.

Esas medidas precautorias no afectarán las negociaciones efectivamente concretadas en los mercados de valores sobre títulos valores cotizables, si a la fecha de tales operaciones no estuvieren notificadas además al mercado respectivo.

Art. 25. – Los títulos valores nominativos podrán llevar cupones al portador, los que deberán contener la numeración del título valor al que pertenecen.

Se presume sin admitir prueba en contrario, y a todos los efectos, que los cupones pertenecen a la persona a cuyo nombre está inscripto el título valor respectivo. Sin perjuicio de ello, el portador de cupones que dan derecho a suscripción de nuevas acciones, puede requerir que éstas sean emitidas directamente a su nombre.

Art. 26. – Los títulos valores públicos o privados emitidos al portador en el extranjero, autorizados a ser ofrecidos públicamente en el país, deberán ser depositados en una entidad financiera, la que entregará en cambio certificados nominativos representativos de aquéllos.

CAPÍTULO II

CONVERSION

Art. 27. – Los títulos valores al portador en circulación a la fecha de vigencia de la presente ley deberán ser presentados para su conversión en títulos nominativos. Los endosables quedarán convertidos de pleno derecho en títulos no endosables al vencimiento del plazo de conversión.

Art. 28. – Los títulos privados al portador que no hayan sido presentados para su conversión no se podrán transmitir, gravar o ejercer derechos inherentes a los mismos.

Los portadores de títulos que no procedan a su conversión vencido el plazo que se fije, ingresarán el equivalente al veinte por ciento (20%) de su valor contable, en carácter de sanción conminatoria; igual obligación corresponderá por cada año sucesivo. En los títulos valores admitidos a la cotización, se tomará en cuenta el precio de cierre el día anterior del vencimiento de cada uno de esos plazos, si fuere mayor al de su valor contable.

Al cuarto año se procederá a la cancelación del título valor al portador no convertido y el emisor creará otro que colocará provisoriamente a nombre de la Dirección General Impositiva. Esta procederá a la subasta del título valor por el procedimiento público que establezca la reglamentación. De su resultado una vez atendidos los gastos, se satisfarán en primer lugar el monto de las sanciones conminatorias impagas y sus intereses y el saldo se acreditará a favor de quien justifique haber sido titular de la acción no convertida.

Los frutos devengados por los títulos valores reemplazados serán cobrados por la Dirección General Impositiva, a quien no podrá oponérsele la prescripción que pueda haber ocurrido desde la fecha en que debió procederse a la conversión. Tales cantidades tendrán idéntico destino que el señalado en el párrafo anterior.

Art. 29. – Los emisores que admitan el ejercicio de los derechos indicados en el artículo precedente, emergentes de títulos valores no convertidos en los plazos fijados en esta ley o de cupones pertenecientes a ellos serán pasibles de una multa equivalente al doble del importe de los pagos efectuados indebidamente o de la indicada en el artículo anterior si se tratare de ejercicios de derechos no patrimoniales. Igual tratamiento se aplicará a las entidades financieras y agentes de bolsa y extrabursátiles que intervengan en la negociación de títulos valores no convertidos dentro del plazo.

CAPITULO III
CAJA DE VALORES

Art. 30.— A los efectos de esta ley se entiende por:

a) Contrato de depósito colectivo de títulos valores, el celebrado entre la Caja de Valores y un depositante, según el cual la recepción de los títulos valores por parte de aquélla sólo genera obligación de entregar al depositante, o quien éste indique, en los plazos y condiciones fijados en el presente o en su reglamentación igual cantidad de títulos valores de la misma especie, clase y emisor;

b) Depositante, la persona autorizada para efectuar depósitos colectivos a su orden por cuenta propia o ajena;

c) Caja de Valores, es el ente autorizado para recibir depósitos colectivos de títulos valores públicos o privados;

d) Comitente, el propietario de los títulos valores depositados en la Caja de Valores.

Art. 31.— La Caja de Valores tendrá por función recibir depósitos colectivos de títulos valores públicos o privados.

Art. 32.— Sólo podrán ser autorizados para actuar como depositantes:

a) Los agentes bursátiles o extrabursátiles inscriptos;

b) Los mercados de valores, excepto que participen en la organización de una Caja de Valores en cuyo caso no podrán ser depositantes en ella;

c) Los bancos oficiales, mixtos o privados y las compañías financieras;

d) Las sociedades depositarias de los fondos comunes de inversión, respecto de los títulos valores de éstos;

e) La Caja Nacional de Ahorro y Seguro.

Art. 33.— La no manifestación expresa en contrario del comitente hace presumir legalmente su autorización para el depósito colectivo de los títulos valores entregados al depositante.

Art. 34.— El depósito colectivo de títulos valores deberá efectuarse a la orden de los depositantes y a nombre de los comitentes. Pueden reunirse en una sola persona las calidades de depositante y comitente.

Art. 35.— Podrán ser objeto de depósito colectivo los títulos valores emitidos por las personas jurídicas de carácter privado que hubieran sido autorizadas a efectuar su oferta pública y los emitidos por las personas jurídicas de carácter público.

Art. 36. – Los títulos valores no deberán estar deteriorados ni sujetos a oposición. La Caja tendrá un plazo de cuarenta y ocho (48) horas, contadas a partir del momento en que se efectuó la tradición, para verificar si los títulos valores están libres de oposición y se encuentran en buen estado material y con el cupón correspondiente.

Si no se diera alguna de estas condiciones la Caja deberá notificar al depositante dentro del plazo indicado. El depósito colectivo quedará perfeccionado una vez efectuada la tradición de los títulos valores, y transcurrido el plazo de cuarenta y ocho (48) horas antes mencionado sin que la Caja haya efectuado la notificación correspondiente. El depósito no importará transferencia de dominio en favor de la Caja de Valores, y sólo tendrá los efectos que se reconocen en la presente ley. Perfeccionado el contrato en el caso de títulos valores nominativos, la Caja notificará al emisor el depósito de los mismos a los efectos de la toma de razón, en el libro de registro.

Art. 37. – Los títulos valores nominativos serán endosables al solo efecto del depósito y retiro de los mismos en la Caja de Valores.

Art. 38. – La Caja y el depositante deberán llevar los registros necesarios a los efectos de que en todo momento puedan individualizarse los derechos de cada depositante y comitente, determinándose en forma fehaciente la situación jurídica de los títulos valores depositados. Para ello la Caja registrará las transmisiones, constituciones de prenda y retiro de títulos valores al recibir de los depositantes las órdenes respectivas en los formularios correspondientes. Las registraciones que en este sentido practique la Caja sustituirán las inscripciones similares en los registros de los emisores, con el mismo efecto respecto de éstos y de los terceros.

Art. 39. – El depositante que recibe del comitente títulos valores para su depósito colectivo queda obligado a devolverle a su solicitud igual cantidad de títulos valores del mismo emisor y de la especie y clase recibidos, debidamente endosados por la Caja a su favor si fueren nominativos, más sus acreencias si las tuviere, pero no los mismos títulos valores.

Aparte del recibo que entregarán al comitente al recibir los títulos valores, los depositantes deberán entregarle, dentro de los cinco días subsiguientes, otro documento que acredite que el depósito colectivo ha sido efectuado.

Art. 40. – El depósito colectivo de títulos valores establece entre los comitentes una copropiedad indivisa sobre la totalidad de aquellos títulos valores de la misma especie, clase y emisor, depositados en la Caja bajo este régimen.

Para la determinación de la cuota parte que corresponda a cada copropietario deberá tenerse en cuenta el valor nominal de los tíulos valores entregados en depósito.

El estado de indivisión respecto a la propiedad de los títulos valores en el depósito colectivo sólo cesará en los casos especialmente contemplados en esta ley.

Art. 41. - El depósito colectivo no transfiere a la Caja la propiedad ni el uso de los títulos valores depositados, la que deberá sólo conservar y custodiar los mismos y efectuar las operaciones y registraciones contables indicadas en la presente ley y su reglamentación.

Art. 42. - La Caja procederá a abrir una cuenta a nombre de cada depositante. Cada una de estas cuentas se subdividirá, a su vez, en tantas cuentas y subcuentas como comitentes denuncie y clase, especie y emisor de títulos valores deposite respectivamente.

Art. 43. - La Caja asumirá siempre la responsabilidad derivada de las obligaciones a su cargo, aun en los supuestos de caso fortuito o fuerza mayor.

Art. 44. - A los efectos de la aplicación de las disposiciones del libro II, título XI, capítulo III del Código de Comercio, todo título valor recibido por un depositante para su depósito colectivo se considerará adquirido de buena fe, siempre que la recepción sea anterior al último día de publicación del aviso previsto en el art. 761 de dicho Código.

En caso de destrucción parcial o total de los títulos valores, el depositario queda obligado a cumplir con las disposiciones del mencionado título.

Art. 45. - Deberá desestimarse sin más trámite toda oposición planteada contra el depositante o la Caja de Valores respecto de los títulos valores recibidos por aquél en la condición señalada en el primer párrafo del artículo anterior, sin perjuicio de los derechos del oponente sobre la cuota parte de igual especie, clase y emisor de títulos valores del copropietario responsable.

Art. 46 - El depositante no podrá ejercer por sí el derecho de voto de los títulos valores depositados a su orden.

Art. 47. - Para la concurrencia a asamblea, ejercicio de derecho de voto, cobro de dividendos, intereses, rescates parciales, capitalización de reservas o saldos de revalúo o ejercicio de derecho de suscripción, la Caja emitirá a pedido de los depositantes, certificados extendidos a nombre de los comitentes en los que se indicará la cantidad, especie, clase y emisor de los títulos valores, nombre y domicilio del comitente, pudiendo omitirse el número de los mismos.

Art. 48. - Al emitir los certificados, la Caja se obliga a mantener indisponible un número de títulos valores equivalentes a la cuota parte respectiva hasta el día siguiente al fijado para la celebración de la asamblea correspondiente. Durante dicho período los depositantes no podrán efectuar giros o retiros por cuenta de quien haya obtenido certificado de depósito para asamblea.

Art. 49. – Por el depósito colectivo la Caja quedará autorizada a percibir dividendos, intereses o cualquier otra acreencia a que dieran derecho los títulos valores recibidos, y obligada a la percepción puntual de los mismos.

Para su cobranza la Caja podrá emitir certificados representativos de los respectivos cupones, a los que los emisores o agentes pagadores deberán otorgar plena fe.

Los cupones correspondientes deberán ser destruidos por la Caja.

Art. 50. – Los depositantes deberán avisar en tiempo oportuno y en forma fehaciente a los comitentes sobre las nuevas suscripciones a que les dieran derecho preferente los títulos valores depositados.

Los comitentes deberán decidir acerca del ejercicio de los derechos de suscripción, debiendo instruir a los depositantes al respecto, y poner a su disposición, dado el caso, el dinero necesario.

En este supuesto la Caja hará entrega a los depositantes de los certificados correspondientes a fin de que éstos procedan de acuerdo con las instrucciones o, siempre que el depositante los instruya específicamente y le haga entrega en tiempo de la sumas correspondientes, ejercerá el derecho de

suscripción, acreditando los nuevos títulos en la cuenta del respectivo comitente.

Art. 51. – En caso de rescate por sorteo el importe resultante se prorrateará en proporción al valor de los títulos de cada comitente.

Art. 52. – A los efectos de la percepción de los dividendos e intereses, ejercicio del derecho de suscripción, pago de gastos y comisiones, así como para hacer frente al cumplimiento de cualquier otra erogación, los depositantes abrirán en la Caja una cuenta en dinero donde deberán mantener provisión suficiente.

Art. 53. – El comitente podrá transmitir, en forma total o parcial, sus derechos de copropiedad o constituir derecho de prenda sobre su parte indivisa o una porción de ella. A tal efecto deberá instruir al depositante para que libre las órdenes pertinentes contra la Caja. La Caja deberá practicar las anotaciones dentro de las veinticuatro (24) horas de recibida la orden escrita emanada del depositante. A partir de ese momento la transmisión de los derechos o la constitución de la prenda se considerarán perfeccionadas.

Art. 54. – La Caja quedará obligada con el depositante sin que los comitentes tengan acción directa contra aquella, salvo que el depositante les hiciere cesión de sus derechos. De acuerdo a lo que determine el respectivo reglamento de la Caja los comitentes podrán reclamar directamente a ella para hacer valer sus derechos de copropiedad en los casos en que éstos pudieran ser lesionados por la incapacidad, concurso, fallecimiento, delito u otro hecho jurídico que afectare la relación normal entre el depositante y el comitente.

Art. 55. – El depositante a solicitud del comitente, podrá retirar los títulos valores registrados a nombre de este último, por medio de una orden de retiro. La caja comunicará al emisor para su registro el nombre y domicilio del comitente, documento de identidad y número, especie y clase de las acciones entregadas, tratándose de títulos valores nominativos.

Art. 56. – Se podrá decretar el embargo de la cuota parte de uno o más de los comitentes, en cuyo caso la medida deberá notificarse al depositante y a la Caja, los que quedarán obligados a mantener indisponible dicha cuota parte.

Dispuesta la ejecución, la misma se hará efectiva conforme al régimen de la transmisión del dominio previsto por esta ley y de acuerdo con las disposiciones vigentes. El nuevo comitente podrá, una vez que acredite la titularidad de la cuota parte, disponer de los títulos o de su cuota parte conforme a lo dispuesto en el art. 53.

Art. 57. – Las Bolsas de Comercio cuyos estatutos prevean la cotización de títulos valores, podrán organizar una Caja de Valores, juntamente con los Mercados de Valores adheridos a ellas. Para desarrollar tales funciones deberán requerir autorización previa a la Comisión Nacional de Valores dentro de los tres (3) meses de la entrada en vigencia de la presente ley. La Comisión deberá expedirse dentro de los treinta (30) días de recibido el pedido. Concedida la autorización la Caja de Valores deberá entrar en funcionamiento dentro de los sesenta (60) días corridos caducando la autorización en caso contrario, salvo que por razones fundadas el Poder Ejecutivo lo prorrogue por una vez y hasta un plazo igual.

Art. 58. – Si dentro del plazo de tres (3) meses indicado en el artículo anterior no se hubiese solicitado autorización para el funcionamiento de una Caja de Valores por parte de una de las entidades indicadas en la disposición precedente o hubiese caducado la concedida por falta de funcionamiento, la Comisión Nacional de Valores solicitará al Poder Ejecutivo Nacional la creación de una entidad que llene tales funciones.

Art. 59. – La Comisión Nacional de Valores tendrá a su cargo el control de las actividades previstas en esta ley.

Los movimientos de fondos que realicen las Cajas de Valores deberán ser efectuados por medio de cuentas bancarias abiertas por ellas en bancos oficiales nacionales, provinciales, municipales o mixtos.

Art. 60.- Los aranceles que perciba la Caja por la prestación de servicios deberán ser aprobados por el Ministerio de Economía.

CAPITULO IV

DISPOSICIONES GENERALES Y TRANSITORIAS

Art. 61.- El Poder Ejecutivo Nacional fijará los plazos dentro de los cuales deberá llevarse a cabo la conversión de los títulos valores al portador en nominativos y determinará las formas y procedimiento de la misma. Dichos plazos se establecerán una vez que se encuentre en funcionamiento la Caja de Valores y a partir de entonces y hasta tanto venzan los mismos, los títulos valores al portador autorizados a la oferta pública podrán negociarse únicamente a través de dicha Caja.

Art. 62.- Los gravámenes, sanciones conminatorias y multas previstos en este título se regirán por las disposiciones de la ley 11.683 y su aplicación, percepción y fiscalización estarán a cargo de la Dirección General Impositiva.

Art. 63.- Las operaciones de conversión dispuestas en la presente ley quedan exentas de todo tributo.

Art. 64.- Mientras la Caja de Valores no se encuentre en condiciones, por razones de índole técnica, de llevar la contabilización y manejo de las subcuentas correspondientes a los comitentes, la Comisión Nacional de Valores podrá autorizar a los bancos y compañías financieras nacionales comprendidos en el decreto-ley 18.061/69 y a la Caja Nacional de Ahorro y Seguro, en el supuesto tales funciones. Las anotaciones contables que se efectuaren en ese caso tendrán los efectos indicados en el art. 39.

Art. 65.- Los bancos y compañías financieras nacionales y la Caja Nacional de Ahorro y Seguro, en el supuesto contemplado en el artículo anterior, cumplirán iguales funciones y tendrán las mismas obligaciones que le competen a la Caja de Valores en lo que se refiere a las subcuentas de sus comitentes y no podrán ampararse en el secreto establecido en la ley de entidades financieras.

Art. 66.- No serán de aplicación los artículos del Código de Comercio y cualquier otra norma en cuanto se opongan a la presente ley. Las disposiciones contenidas en esta ley, son aplicables de pleno derecho a las sociedades regulares constituidas a la fecha de su vigencia, sin requerirse la modificación de los contratos y estatutos ni su inscripción y publicidad.

TÍTULO IV

DEROGACION DEL IMPUESTO A LA VENTA DE VALORES MOBILIARIOS

CAPÍTULO ÚNICO

Art. 67. – Derógase el impuesto sobre la venta de valores mobiliarios creado por el dec.-ley 11.452/62, ratificado por la ley 16.478.

Art. 68. – Comuníquese, etc.

LEY 23.299

NOMINATIVIDAD DE TITULOS VALORES PRIVADOS. MODIFICACION DE LA LEY 20.643

Sanción: 30 setiembre 1985.
Promulgación: 31 octubre 1985
Publicación: *B.O.* 8/XI/85.

Art. 1º. – Sustitúyense los arts. 22, 23, 27 y 61 de la ley 20.643, modificada por la ley 20.954, de la siguiente forma:

Art. 22. – Los títulos valores privados emitidos en serie en el país y los certificados provisionales que los representen deben ser nominativos no endosables. También podrán emitirse acciones escriturales conforme a las prescripciones de la ley de sociedades comerciales 19.550 (t.o. dec. 841/84).

Art. 23. – La transmisión de los títulos valores a que se refiere el artículo precedente y los derechos reales que recaigan sobre los mismos deben constar en el título, si éste existe, inscribirse en el registro que debe llevarse a esos fines y notificarse al emisor.

Los actos referidos sólo producen efectos frente al emisor y terceros desde la fecha de la inscripción.

La reglamentación dispondrá las constancias que deben figurar en el título, en su caso, y en el registro, sobre las modalidades de cada operación y los datos de las partes intervinientes. Ello sin perjuicio de las disposiciones de la ley 19.550 de sociedades comerciales referidas a las acciones escriturales.

Art. 27. – Los títulos valores al portador en circulación a la fecha de vigencia de la presente ley deberán ser presentados para su conversión en títulos nominativos no endosables o acciones escriturales si el estatuto lo prevé. Los endosables quedarán convertidos de pleno derecho en títulos no endosables al vencimiento del plazo de conversión.

Art. 61. – La conversión de títulos valores al portador en nominativos o las acciones escriturales deberá efectuarse antes del 1º de mayo de 1986.

Hasta la fecha indicada en el párrafo anterior los títulos valores al portador autorizados a la oferta pública podrán negociarse únicamente si se hallan depositados en a la Caja de Valores individualizándose al adquirente.

Las disposiciones del Capítulo I de este título serán aplicables a partir del 30 de abril de 1986.

Art. 2º.- El Poder Ejecutivo, dentro del plazo de sesenta (60) días contados a partir de la fecha de publicación de la presente ley, determinará las formas y procedimientos de conversión dispuesta en el artículo anterior.

Art. 3º.- No serán de aplicación los artículos del Código de Comercio y de cualquiera otra norma en cuanto se oponga a la ley 20.643, modificada por la ley 20.954 o a la presente ley.

Art. 4º.- Comuníquese, etc.

DECRETO 83/86

NOMINATIVIDAD DE LOS TITULOS VALORES PRIVADOS. REGLAMENTACION DE LA LEY 20.643, TEXTO SEGUN LEY 23.299

Fecha: 15 enero 1986.
Publicación: *B.O.* 21/I/86.

Constancias que deben figurar en el título

Artículo 1º.- Los títulos representativos de acciones deberán contener las menciones previstas en el art. 211 de la ley 19.550 (t.o. dec. 841/84) e indicar claramente su carácter de nominativos no endosables.

En el reverso de cada título deberá constar:

a) Nombre y apellido o denominación del titular inscripto en el Registro de Acciones de la sociedad emisora, previsto en el art. 213 de la ley 19.550 (t.o. dec. 841/84). En el caso de personas físicas se debe registrar en primer lugar el apellido y luego los nombres completos, tal como figura en el documento a que se refiere el inc. e). En el caso de personas jurídicas deberá registrarse la denominación completa de las mismas.

b) Derechos reales que gravan las acciones.

c) Fecha de la anotación en el Registro de Acciones de la sociedad emisora de datos previstos en los incs. a) y b).

d) Firma autógrafa y sello de un representante legitimado de la sociedad emisora de la entidad que tenga a su cargo el Registro de Acciones.

e) Número de documento de identidad y número de inscripción en el impuesto a las ganancias, en las condiciones previstas en los incs. c) y d) del art. 6º.

Conversión de títulos

Art. 2º.- Los títulos al portador deben ser canjeados por títulos nominativos no endosables o sustituidos por acciones escriturales; en este último caso, si el estatuto las prevé.

El emisor podrá realizar la conversión de los títulos valores al portador en nominativos no endosables, asentando en el anverso de cada uno de ellos, la siguiente inscripción con caracteres destacados "nominativo no endosable".

En el reverso deberá asentar un cuadro que permita registrar en forma ordenada los datos mencionados en el art. 1º.

Las disposiciones de este artículo también se aplican a los títulos nominativos endosables.

Inscripción de la conversión

Art. 3º. - Detro del plazo previsto por la ley, la sociedad emisora debe proceder a inscribir en el Registro de Acciones a los accionistas que acrediten ese carácter con el respectivo título al portador o nominativo endosable.

El Registro y los títulos respectivos deben contener las constancias identificatorias del accionista previstas en la presente reglamentación.

Conversión de emisiones en trámite

Art. 4º. - El emisor que deba entregar títulos al portador o nominativos endosables antes del 1º de mayo de 1986 podrá, a los fines del art. 2º, asentar en el anverso de cada uno de ellos con caracteres destacados, la siguiente inscripción: "Este título se convertirá automáticamente en nominativo no endosable a partir del 1º de mayo de 1986".

En el reverso de estos títulos se asentará el cuadro a que hace referencia el art. 2º, debiendo presentarse los mismos al emisor para la individualización de su titular dentro del plazo legal.

El emisor anotará los datos del titular en el Registro de Acciones de la sociedad y en cada uno de los títulos.

Conversión de títulos depositados en la Caja de Valores S.A.

Art. 5º. - La conversión a nominativos no endosables de los títulos valores privados que se encuentren depositados en al Caja de Valores S. A. al día 30 de abril de 1986 se operará de pleno derecho. La Caja deberá notificar a cada emisor las tenencias depositadas a la fecha indicada.

El retiro de dichos títulos a partir del 1º de mayo de 1986 obliga a la Caja de Valores S. A. a:

a) Informar al emisor dicha circunstancia con identificación del nuevo titular.

b) Entregar títulos nominativos no endosables conforme las modalidades de conversión convenidas con el emisor.

Registro de Acciones

Art. 6º. - El Registro de Acciones nominativas no endosables o escriturales, que podrá ser llevado en forma computarizada si así lo autoriza la respectiva autoridad de control, deberá contener, además de las menciones exigidas en el art. 213 de la ley 19.550 (t.o. dec. 841/84), los siguientes datos de los accionistas:

a) Nombre y apellido o denominación. Cuando se tratare de personas físicas se deberá registrar en primer lugar el apellido, y luego los nombres completos y cuando se tratare de personas jurídicas se deberá registrar la denominación completa tal cual se inscribió en el registro correspondiente.

b) Domicilio real o sede social en su caso.

c) Número de documento nacional de identidad o, en su defecto, número de libreta de enrolamiento o libreta cívica; cuando no se poseyeren estos documentos deberá utilizarse el número de pasaporte o cédula de identidad debiendo identificarse el tipo de documento que se consigne. Si se tratare de personas jurídicas, los actos e inscripción registrar o de autorización según corresponda.

d) Número de inscripción en el impuesto a las ganancias, excepto que se tratare de personas físicas no obligadas a inscribirse en dicho impuesto.

En el caso de acciones escriturales, deberá anotarse en el registro la expedición de comprobantes de saldo de cuenta con la modalidad prevista en el art. 9º, indicando su número y fechas de expedición y de vencimiento.

El Registro de Acciones nominativas no endosables podrá ser llevado por bancos comerciales o de inversión o por cajas de valores, si así lo conviniere la sociedad emisora.

En todos los casos la sociedad será responsable ante los accionistas por los errores o irregularidades de los asientos, sin perjuicio de la responsabilidad que pudiera corresponderle al banco o caja de valores ante la sociedad.

Inscripciones en el Registro de Acciones

Art. 7º. – La entidad que tenga a su cargo llevar el Registro de Acciones, deberá efectuar las inscripciones de:

a) Transferencias de acciones y constitución sobre ellas de derechos reales.

b) Comunicación del acreedor prendario de haber procedido a la venta de las acciones en ejercicio de la facultad que le acuerda el art. 585 del Código de Comercio.

c) Orden judicial que disponga con respecto a las acciones la transferencia, constitución de derechos reales o medidas cautelares.

En los supuestos previstos en los incs. a) y b) la inscripción deberá ser solicitada personalmente o a través de un medio fehaciente, por el accionista o acreedor registrado, o por su mandatario o por el agente de bolsa o de mercado abierto que hubiere intervenido en la operación.

Cuando la solicitud de inscripción no se realizare en la forma indicada precedentemente, la firma del accionista o acreedor deberá estar certificada en forma judicial, notarial o bancaria.

Acciones escriturales. Comprobante de saldo de cuenta

Art. 8º. – El comprobante de saldo de cuenta que expida la entidad que lleve al registro de acciones escriturales, deberá contener:

a) Fecha y hora de expedición.

b) Menciones previstas en el art. 211 de la ley 19.550 (t.o. dec. 841/84).

c) Nombre y apellido, domicilio real y número de documento de identidad del titular. Si se tratare de personas jurídicas, su denominación y sede y datos de inscripción registral o autorización en su caso.

d) Denominación y sede de la entidad que extienda el comprobante, si fuere persona distinta a la sociedad emisora.

e) Derechos reales y medidas cautelares que graven las acciones.

f) Constancias de expedición de comprobantes de saldo de cuenta con la modalidad prevista en el art. 9, indicando las fechas de expedición y de vencimiento.

g) Limitaciones estatutarias a la transmisión de acciones.

Acciones escriturales. Comprobante con constancia

Art. 9º.- El accionista podrá solicitar un comprobante de saldo de cuenta donde conste que su expedición es, a fin de transferir las acciones o constituir sobre ellas derechos reales. Dicho comprobante tendrá vigencia por un plazo de diez (10) días, período durante el cual no podrá emitirse otro con igual constancia.

Acciones escriturales con oferta pública. Aranceles

Art. 10.- La sociedad emisora de acciones escriturales con oferta pública autorizada deberá solicitar la aprobación de la Comisión Nacional de Valores, cuando resuelva cobrar aranceles por la expedición de comprobantes de saldo de cuenta. Tales aranceles se considerarán aprobados si no mediare resolución denegatoria en el plazo de treinta (30) días hábiles, contados desde el momento en que fuere formulado el pedido de autorización.

Negociación de títulos valores pendientes de conversión

Art. 11.- Hasta el día 30 de abril de 1986, únicamente se podrán negociar títulos valores al portador con oferta pública autorizada cuando se encuentren previamente depositados en la Caja de Valores S. A. o se depositen al momento de liquidar la operación y dentro de dicho plazo.

Facultades de los organismos de control

Art. 12.- La Comisión Nacional de Valores para las sociedades que realicen oferta pública de sus valores y las autoridades locales de control para el resto de las sociedades, podrán dictar las normas complementarias a efectos de la aplicación de la ley 20.643, modificada por la ley 23.299 y de este decreto, incluyendo la adaptación de sus disposiciones para otros títulos valores emitidos en serie, distintos de las acciones.

Lo expresado es sin perjuicio de las facultades reglamentarias de la Dirección General Impositiva, Banco Central de la República Argentina y Superintendencia de Seguros de la Nación, en lo que hace al ámbito de sus respectivas competencias.

La Dirección General Impositiva, en uso de las facultades que le acuerda la ley 11.683 (t.o. en 1978 y sus modificaciones) podrá requerir información sobre los datos de individualización de los accionistas incluidos en el Registro de Acciones de las sociedades emisoras o de los Registros que en virtud de lo dispuesto por el art. 38 de la ley 20.643 lleva la Caja de Valores.

Art. 13. – Comuníquese, etc. – *Alfonsín - Sourrouille - Alconada Aramburú - Brodersohn.*

LEY 23.576

LEY DE OBLIGACIONES NEGOCIABLES. MODIFICACION DE LAS LEYES 19.060, 19.550 (T.O. 1984) Y 20.091.

Sanción: 29 junio 1968
Promulgación: 19 julio 1988
Publicación: *B.O.* 27/VII/88
Fe de erratas: *B.O.* 2/VIII/88

Artículo 1º.– Las sociedades por acciones, las cooperativas y las asociaciones civiles pueden contraer empréstitos mediante la emisión de obligaciones negociables, conforme a las disposiciones de la presente ley.

Art. 2º.– Pueden emitirse diversas clases con derechos diferentes; dentro de cada clase se otorgarán los mismos derechos.

La emisión puede dividirse en series. No pueden emitirse nuevas series de la misma clase mientras las anteriores no estén totalmente suscriptas.

Art. 3º.– Pueden emitirse con garantía flotante especial o común. La emisión cuyo privilegio no se limite a bienes inmuebles determinados se considerará realizada con garantía flotante. Será de aplicación lo dispuesto en los arts. 327 a 333 de la ley 19.550, t.o. en 1984.

Pueden ser igualmente avaladas o garantizadas por cualquier otro medio. Pueden también ser garantizadas por entidades financieras comprendidas en la ley respectiva.

Art. 4º.– Las obligaciones pueden contener cláusulas de reajuste del capital conforme a pautas objetivas de estabilización y otorgar un interés fijo o variable.

Es permitida la emisión en moneda extranjera. La suscripción, así como los servicios de renta y amortización, se adecuarán a las normas que rijan en el mercado cambiario.

La salida de las obligaciones del país y su reingreso se podrá efectuar libremente.

Art. 5º.– Las sociedades por acciones pueden emitir obligaciones convertibles, a opción del obligacionista en acciones de la emisora.

El valor de conversión y su reajuste no pueden establecerse o determinarse de modo que la conversión afecte la integridad del valor nominal del capital social.

Art. 6º.- La conversión de obligaciones deberá ajustarse, en su caso, a los requisitos y limitaciones que para las inversiones extranjeras establezca el régimen legal específico.

Art. 7º.- Los títulos deben contener:

a) La denominación y domicilio de la sociedad cooperativa o asociación, fecha y lugar de constitución, duración y los datos de su inscripción en el Registro Público de Comercio u organismo correspondiente;

b) El número de serie y de orden de cada título, y el valor nominal que representa;

c) El monto del empréstito y moneda en que se emite;

d) La naturaleza de la garantía;

e) Las condiciones de conversión, en su caso;

f) Las condiciones de amortización;

g) La fórmula de actualización del capital, en su caso; tipo y época de pago de interés;

h) Nombre y apellido o denominación del suscriptor, si son nominativos.

Deben ser firmados de conformidad con los arts. 212 de la ley 19.550 o 26 de la ley 20.337, tratándose de sociedades por acciones o cooperativas, respectivamente; y por el representante legal y un miembro del órgano de administración designado al efecto, si se trata de asociaciones civiles.

Art. 8º.- Los títulos deben ser nominativos no endosables. Los cupones pueden ser al portador, debiendo llevar en este caso la numeración del título al que pertenecen.

Pueden emitirse obligaciones al portador para su cotización en las bolsas de comercio del país. Su negociación bajo esta forma de circulación sólo se podrá realizar mediante la concertación y el registro de la operación en una bolsa de comercio y su liquidación por el sistema de la Caja de Valores.

Para su negociación en forma distinta a la prevista en el párrafo anterior, el titular deberá solicitar la conversión a la forma nominativa. El adquirente podrá endosarlas al portador para su ingreso a la Caja.

Las bolsas de comercio y la Caja de Valores deberán llevar registros sistemáticos de las operaciones que permitan su individualización fiscal, produciendo los informes en los tiempos y formas que determine la Dirección General Impositiva.

Es nula toda transferencia en violación a lo dispuesto en los párrafos precedentes.

En ocasión de percibir rentas, cuotas de amortización o cualquier otro beneficio, el obligacionista que presente títulos al portador debe acreditar la forma de adquisición prevista en este artículo.

Art. 9º. = En las sociedades por acciones y cooperativas, la emisión de obligaciones negociables no requiere autorización de los estatutos y puede decidirse por asamblea ordinaria.

Cuando se trate de obligaciones convertibles en acciones, la emisión compete a la asamblea extraordinaria, salvo en las sociedades autorizadas a la oferta pública de sus acciones, que pueden decidirla en todos los casos por asamblea ordinaria.

En las asociaciones civiles, la emisión requiere expresa autorización de los estatutos y debe resolverla la asamblea.

Pueden delegarse en el órgano de administración:

a) Si se trata de obligaciones simples: La determinación de todas o algunas de sus condiciones de emisión dentro del monto autorizado, incluyendo época, precio, forma y condiciones de pago;

b) Si se trata de obligaciones convertibles: La fijación de la época de la emisión; precio de colocación y forma y condiciones de pago; tasa de interés y valor de conversión, indicando las pautas y límites al efecto.

Las facultades delegadas deben ejercerse dentro de los dos (2) años de celebrada la asamblea. Vencido este término, la resolución asamblearia quedará sin efecto respecto del monto no emitido.

Art. 10. = El acto de emisión puede instrumentarse en forma pública o privada. Se publicará por un (1) día en el Boletín Oficial y se inscribirá en el Registro Público de Comercio.

Deberá contener, como mínimo, los siguientes datos:

a) La denominación de la emisora, domicilio, fecha y lugar de constitución, duración y los datos de su inscripción en el Registro Público de Comercio u organismo correspondiente:

b) El objeto social y la actividad principal desarrollada a la época de la emisión:

c) El capital social y el patrimonio neto de la emisora;

d) El monto del empréstito y la moneda en que se emite;

e) El monto de las obligaciones negociables o *debentures* emitidos con anterioridad, así como el de las deudas con privilegios o garantías que la emisora tenga contraídas al tiempo de la emisión;

f) La naturaleza de la garantía;

g) Si fuesen convertibles en acciones, la fórmula de conversión, así como las de reajuste en los supuestos de los arts. 23 inc. b), 25 y 26 de la presente ley;

h) Las condiciones de amortización;

i) La fórmula de actualización del capital, en su caso, tipo y época de pago del interés.

Art. 11. = Los accionistas que tengan derecho de preferencia y de acrecer en la suscripción de nuevas acciones pueden ejercerlo en la suscripción de obligaciones convertibles.

Se aplicará lo dispuesto en los arts. 194 a 196 de la ley 19.550, t.o. en 1984.

Los accionistas disconformes con la emisión de obligaciones convertibles pueden ejercer el derecho de receso conforme al art. 245 de la misma ley, salvo en las sociedades autorizadas a la oferta pública de sus acciones y en los supuestos del artículo siguiente.

Art. 12. – La asamblea extraordinaria de accionistas puede suprimir el derecho de preferencia para la suscripción de obligaciones convertibles en los casos del art. 197, inc. 2º, última parte, de la ley 19.550, t.o. en 1984, bajo las condiciones previstas en dicha norma.

La asamblea extraordinaria puede también suprimir el derecho de acrecer y reducir a no menos de quince (15) días el plazo para ejercer la preferencia, cuando la sociedad celebre un convenio de colocación en firme con un agente intermediario, para su posterior distribución entre el público.

En el mismo supuesto, la asamblea extraordinaria puede suprimir el derecho de preferencia, siempre que la resolución se tome con el voto favorable de por lo menos el cincuenta por ciento (50%) del capital suscripto con derecho a opción y no existan votos en contra que superen el cinco por ciento (5%) de dicho capital.

Art. 13. – La emisora puede celebrar con una institución financiera o firma intermediaria en la oferta pública de valores mobiliarios un convenio por el que ésta tome a su cargo la defensa de los derechos e intereses que colectivamente correspondan a los obligacionistas durante la vigencia del empréstito y hasta su cancelación total.

El contrato puede instrumentarse en forma pública o privada.

Deberá contener:

a) Las menciones del art. 10;

b) Las facultades y obligaciones del representante;

c) Su declaración de haber verificado la exactitud de los datos mencionados en el acto de emisión;

d) Su retribución, que estará a cargo de la emisora.

Será de aplicación lo dispuesto en los arts. 342 a 345, incs. 1º y 2º, 351 y 353 de la ley 19.550, t.o. en 1984.

Art. 14. – La asamblea de obligacionistas será convocada por el órgano de administración o, en su defecto, por la sindicatura o consejo de vigilancia de la sociedad, cuando lo juzguen necesario o fuere requerida por el representante de los obligacionistas o por un número de éstos que represente, por lo menos, el cinco por ciento (5%) del monto de la emisión.

En este último supuesto, la petición indicará los temas a tratar y la asamblea deberá ser convocada para que se celebre dentro de los cuarenta (40) días de recibida la solicitud de los obligacionistas.

La convocatoria se hará en la forma prevista en el art. 237 de la ley 19.550, t.o. en 1984.

Si el órgano de administración, sindicatura o consejo de vigilancia omitieren hacerlo, la convocatoria podrá ser efectuada por la autoridad de control o por el juez.

La asamblea será presidida por el representante de los obligacionistas y, a falta de éste, por un miembro de la sindicatura o del consejo de vigilancia o en su defecto por un representante de la autoridad de control o por quien designe el juez.

Será de aplicación en lo demás los arts. 354 y 355 de la ley 19.550, t.o. en 1984.

Art. 15. – Se requerirá el consentimiento de la asamblea de obligacionistas en los casos de retiro de la oferta pública o cotización de las obligaciones, o de las acciones cuando aquéllas fueren convertibles.

Los disconformes y los ausentes tendrán derecho de reembolso, que se deberá ejercer en la forma y plazos previstos para el receso de los accionistas.

Igual derecho corresponderá en el supuesto del art. 94, inc. 9º, segunda parte de la ley 19.550, t.o. en 1984.

La prórroga o reconducción del contrato de sociedad, excepto en las sociedades autorizadas a la oferta pública de sus acciones, la transferencia del domicilio al extranjero, y el cambio fundamental del objeto, otorgan derecho a la conversión anticipada de las obligaciones y el simultáneo ejercicio del derecho de receso, en la forma y plazo previstos para los accionistas ausentes en la asamblea.

Art. 16. – La transformación de la sociedad no afecta los derechos de los obligacionistas, pero si las obligaciones fueren convertibles, podrán ejercer la conversión anticipada y simultáneamente el derecho de receso del modo previsto

en el último párrafo del art. 15 del presente texto legal.

Art. 17. – La resolución sobre la emisión de obligaciones convertibles implica simultáneamente la decisión de aumentar el capital social en la proporción necesaria para atender los futuros pedidos de conversión.

Los accionistas de la emisora carecerán del derecho de preferencia sobre las acciones que se emitan con ese fin.

Art. 18. – Puede estipularse que la conversión tenga lugar en época o fechas determinadas o bien en todo tiempo a partir de la suscripción, o desde cierta fecha o plazo.

El derecho de conversión permanente puede suspenderse para posibilitar operaciones de fusión, escisión o aumento de capital, por el término máximo de tres (3) meses.

Art. 19. – En todos los casos en que ocurra la disolución de la sociedad deudora antes de vencidos los plazos convenidos para la conversión de las obligaciones, sus tenedores podrán optar por la conversión anticipada.

Art. 20. – El obligacionista que ejerza la opción de conversión será considerado accionista desde que notifique su decisión a la sociedad por medio fehaciente. La sociedad debe otorgarle las acciones que le correspondan o certificados provisorios, negociables y divisibles, dentro de los treinta (30) días.

En las sociedades autorizadas a la oferta pública de sus valores mobiliarios, el otorgamiento se hará en los plazos y condiciones que fijen las reglamentaciones pertinentes.

Art. 21. = Al cierre del período de conversión, o trimestralmente cuando ésta se hubiere previsto en todo tiempo, el directorio comunicará a la autoridad de control y al Registro Público de Comercio para su inscripción, el monto de las emisiones y el consecuente aumento de capital, los que constarán en acta.

Cuando las acciones fuesen admitidas a la oferta pública, la comunicación se hará en los plazos y con los requisitos que establezcan las reglamentaciones respectivas.

Art. 22. = La autorización de oferta pública, o cotización de obligaciones convertibles emitidas por sociedades cuyo capital esté inscripto en dichos regímenes, implica la misma autorización respecto de las acciones que en el futuro se emitan para entregar a los obligacionistas que notifiquen su decisión de convertir.

Si la sociedad emisora no estuviere admitida a la oferta pública o cotización de sus acciones y obtuviere tal autorización para las obligaciones convertibles, deberá cumplir los trámites para la inscripción de su capital en tales regímenes con anterioridad al inicio del período de conversión. Si no lo hiciere o si la solicitud fuere denegada, los titulares de obligaciones convertibles tendrán op-

ción para pedir el reembolso anticipado, o la conversión y el ejercicio simultáneo del derecho de receso, en los términos de la ley 19.550, t.o. en 1984.

Art. 23. = Pendiente la conversión de las obligaciones pueden emitirse acciones, debentures convertibles y otras obligaciones convertibles, a ofrecer en suscripción, siempre que las condiciones de emisión hayan previsto, alternativamente:

a) Derecho de preferencia a los obligacionistas en los mismos casos, plazos y condiciones en que se otorgue a los accionistas;

b) El reajuste del valor de conversión, según la fórmula que se establezca al efecto.

Art. 24. = En el supuesto previsto en el art. 23, inc. a), la suspensión o limitación al derecho de suscripción preferente de los accionistas o de los tenedores de obligaciones convertibles para suscribir nuevas emisiones de acciones, debentures convertibles u otras obligaciones convertibles, requiere la conformidad de la asamblea de tenedores de obligaciones convertibles.

Art. 25. = Pendiente la conversión, toda modificación del valor nominal de las acciones, reducción obligatoria del capital, capitalización de utilidades, reservas, ajustes contables u otros fondos especiales inscriptos en el balance y demás operaciones sociales por las que se entreguen acciones liberadas, requiere el ajuste del valor de conversión para adecuar la participación de cada obligacionista. A tal fin, se tomarán en cuenta, dado el caso, las actualizaciones que se efectuaren al valor nominal de los títulos convertibles conforme a sus condiciones de emisión.

Art. 26.- La amortización o reducción voluntaria del capital, la modificación de las reglas estatutarias sobre el reparto de utilidades, la adjudicación de valores en cartera y la distribución en efectivo de reserva u otros fondos especiales inscriptos en el balance, excluidas las reservas formadas para el pago de dividendos ordinarios, requiere la conformidad de la asamblea de los tenedores de obligaciones convertibles y otorga derecho a la conversión anticipada.

Las sociedades que coticen sus acciones en bolsa, pueden prever en las condiciones de emisión de las obligaciones el reajuste del valor de conversión por tales distribuciones, no siendo aplicable en tal caso lo dispuesto en el párrafo anterior.

Art. 27.- La fusión o escisión de la sociedad emisora de obligaciones convertibles requiere la conformidad de la asamblea de los tenedores de éstas, sin perjuicio del derecho de los ausentes y disidentes de ser garantizados o reembolsados, conforme al art. 83 de la ley 19.550, t.o en 1984.

Igual derecho a ser garantizados o reembolsados tendrán los tenedores de obligaciones no convertibles.

Aprobada la operación, las obligaciones serán convertibles en acciones de la nueva sociedad, de la escindida o de la incorporante, según el caso. Se corregirá el valor de conversión en función de la relación de fusión o escisión.

Art. 28.- La emisión no puede recibir sus propias obligaciones en garantía.

Art. 29.- Los títulos representativos de las obligaciones otorgan acción ejecutiva a sus tenedores para reclamar el capital, actualizaciones e intereses y para ejecutar las garantías otorgadas.

En caso de ejecución de obligaciones emitidas con garantía especial, el juez dispondrá la citación de los tenedores de la misma clase y notificará a la Comisión Nacional de Valores cuando los títulos estén admitidos a la oferta pública y a las bolsas donde tengan cotización autorizada.

En caso de concurso o quiebra se aplicarán las disposiciones de la ley 19.551 sobre los *debentures*. Cuando no existiere representante de los obligacionistas, será designado en asamblea convocada por el juez, que se regirá por las normas de la asamblea ordinaria de las sociedades anónimas. En caso de no obtenerse la mayoría necesaria, la designación será efectuada por el juez.

Art. 30.- Las sociedades autorizadas a la oferta pública de valores mobiliarios pueden emitir certificados globales de sus obligaciones negociables, con los requisitos del art. 7º, para su inscripción en regímenes de depósito colectivo. A tal fin, se considerarán definitivos, negociables y divisibles.

Art. 31.– En las condiciones de emisión de las obligaciones negociables se puede prever que las mismas no se representen en títulos. En tal caso deben inscribirse en cuentas llevadas a nombre de sus titulares en un registro de obligaciones negociables escriturales por la emisora, bancos comerciales o de inversión o cajas de valores.

La calidad de obligacionista se presume por las constancias de las cuentas abiertas en el registro de obligaciones negociables escriturales. En todos los casos la emisora es responsable ante los obligacionistas por los errores e irregularidades de las cuentas, sin perjuicio de la reponsabilidad de la entidad que las lleve ante la emisora, en su caso.

La emisora, banco o caja de valores deben otorgar al obligacionista comprobante de la apertura de su cuenta y de todo movimiento que inscriban en ella. Todo obligacionista tiene además derecho a que se le entregue, en todo tiempo, constancia del saldo de su cuenta, a su costa.

A los efectos de su negociación por el sistema de caja de valores, se aplicarán en lo pertinente las disposiciones de la ley 20.643 y sus normas reglamentarias y complementarias.

La oferta pública de obligaciones negociables escriturales se rige por las disposiciones de la ley 17.811.

Art. 32.– La transmisión de las obligaciones negociables nominativas o escriturales y de los derechos reales que las graven debe notificarse por escrito a la emisora o entidad que lleve el registro e inscribirse en el libro o cuenta pertinente. Surte efecto contra la emisora y los terceros desde su inscripción.

En el caso de obligaciones negociables escriturales, la emisora o entidad que lleve el registro cursará aviso al titular de la cuenta en que se efectúe un débito por transmisión de obligaciones o constitución de gravámenes sobre ellas, dentro de los diez (10) días de haberse inscripto, en el domicilio que se haya constituido. En las sociedades, cooperativas o asociaciones sujetas el régimen de la oferta pública, la autoridad de control podrá reglamentar otros medios de información a los obligacionistas.

Art. 33.– Toda oferta pública de obligaciones negociables que efectúen las cooperativas y asociaciones civiles, requiere previa autorización de la Comisión Nacional de Valores.

Art. 34.– Los directores, administradores, síndicos o consejeros de vigilancia de la emisora son ilimitada y solidariamente responsables por los perjuicios que la violación de las disposiciones de esta ley produzca a los obligacionistas.

Art. 35.– Están exentos del impuesto de sellos los actos, contratos y operaciones, incluyendo entregas o recepciones de dinero, relacionados con la emisión y transferencia, cualquiera fuera la causa de las obligaciones negociables a que se refiere la presente ley.

Asimismo estarán exentas del impuesto de sellos las emisiones de acciones a entregar por conversión de las obligaciones.

El Poder Ejecutivo Nacional invitará a las provincias y al Territorio Nacional de la Tierra del Fuego, Antártida e Islas del Atlántico Sur a otorgar iguales exenciones en el ámbito de sus jurisdicciones.

Art. 36. – Las ganancias derivadas de las obligaciones negociables previstas en la presente, como los resultados provenientes de la compraventa, cambio, permuta o disposición de dichas obligaciones estarán exentos del impuesto a las ganancias y del impuesto sobre los beneficios eventuales, respectivamente.

La exención no tendrá efectos para los contribuyentes del art. 49 incs. a) b) y c) y del Título V referido a beneficiarios del exterior, de la ley del impuesto a las ganancias (t.o. en 1986).

La exención impositiva precedente incluye, además, las actualizaciones o ajustes de capital que perciben los beneficiarios conforme a las condiciones de emisión.

Las exenciones impositivas mencionadas comprenden exclusivamente a las obligaciones cuya colocación se realiza a través de la oferta pública, y en tanto los emisores contaren con la autorización respectiva.

La emisora deberá garantizar la aplicación de los fondos obtenidos mediante la colocación de obligaciones negociables a los destinos especificados en la resolución que disponga la emisión, los que serán dados a conocer al público inversor a través del prospecto.

Dichos destinos deberán aplicarse exclusivamente en inversiones en activos físicos, integración de capital de trabajo o refinanciación de pasivos.

La emisora, deberá acreditar ante la Comisión Nacional de Valores, en el tiempo, forma y condiciones que ésta determine, que los fondos obtenidos fueron invertidos de acuerdo al plan aprobado.

El plazo mínimo de amortización total de las obligaciones no puede ser inferior a tres (3) años contados a partir de la integración de la emisión.

En el caso de emitirse con cláusulas de amortización parcial, la primera amortización, que no podrá ser superior al veinticinco por ciento (25%) de la emisión, no se efectuará hasta tanto haya trancurrrido un año desde la fecha de integración de la emisión.

Art. 37. – En ningún caso la entidad emisora podrá deducir en el impuesto a las ganancias de cada ejercicio en concepto de intereses y actualizaciones devengados por la obtención de fondos provenientes de la colocación de las obligaciones negociables un importe mayor del que surja de aplicar sobre el monto de los títulos emitidos, una actualización equivalente a la variación del índice de precios al por mayor, nivel general elaborado por el Instituto Nacional de Estadística y Censos, con más el interés del ocho por ciento (8%) anual.

Si existieran excedentes de intereses y/o actualizaciones, por haberse aplicado índices o tasas distintos a los mencionados, sin perjuicio de lo dispuesto en el párrafo precedente, dichos excedentes no constituirán pasivos a los efectos del ajuste por inflación, en la medida que a la fecha de cierre no se hubieran pagado.

Las entidades exentas o liberadas del impuesto a las ganancias, que pactaren cláusulas de reajuste de capital e intereses superiores a lo previsto en este artículo, deberán determinar el excedente y sobre éste abonar el impuesto a las ganancias aplicando la alícuota del treinta y tres por ciento (33%), constituyéndose en pago único y definitivo.

Los excedentes a que se refiere el párrafo anterior se imputarán al ejercicio en que se devenguen.

Art. 38.- Cuando la entidad emisora no cumpliera con los requisitos que prescriben las normas respectivas, sin perjuicio de las sanciones que pudieran corresponder de acuerdo con la ley 11.683 (t.o. en 1978) y sus modificaciones, la misma deberá adicionar al balance impositivo del ejercicio en que se produjera el incumplimiento, las sumas que hubiera deducido de conformidad a lo prescripto en la presente.

Asimismo si el incumplimiento se verificara respecto de entidades exentas o liberadas del impuesto a las ganancias, éstas deberán abonar por el ejercicio anual en que se produjera el incumplimiento el treinta y tres por ciento (33%), con carácter de pago único y definitivo en concepto de impuesto a las ganancias sobre los montos de los intereses y/o ajustes de capital devengados en cada uno de los ejercicios, no estando comprendidas las exentas a que se refiere el tercer párrafo de art. 37.

La reglamentación fijará el procedimiento a seguir, como asimismo los límites y condiciones a que estarán sujetos las sumas o impuestos reintegrables.

Los conceptos a que alude este artículo están referidos a reajuste de capital y/o de los intereses que hubieren originado las obligaciones negociables.

La suma adicionada al balance impositivo o la que constituya la base para la aplicación de la alícuota del treinta y tres por ciento (33%) en caso de entidades exentas o liberadas, serán actualizadas de acuerdo con lo previsto en el art. 89 de la ley de impuesto a las ganancias (t.o. en 1986) y sus modificaciones, conforme a la variación de índices operada entre el mes de cierre el ejercicio en que se verificó el incumplimiento y aquel en que se devengaron o dedujeron los conceptos respectivos.

Art. 39.- A los efectos de lo establecido en el tercer párrafo del art. 37 y segundo párrafo del art. 38, no serán de aplicación las normas de carácter exentivo o liberatorio establecidas en la ley del impuesto a las ganancias o en leyes especiales.

Facúltese a la Dirección General Impositiva a establecer la forma, plazos y condiciones de ingresos a que se refieren los arts. 37 y 38.

Art. 40. - Las exenciones establecidas en el art. 36, tendrán vigencia para las obligaciones negociables emitidas hasta el 31 de diciembre de 1990, facultándose al Poder Ejecutivo Nacional para prorrogarlas, si razones económico-financieras así lo aconsejaren, dando cuenta al H. Congreso de la Nación del uso de la presente atribución.

Art. 41. - La Comisión Nacional de Valores actuará como agente de información de la Dirección General Impositiva, respecto de la aplicación de la presente ley.

Art. 42. - La transferencia de las obligaciones negociables creadas por la presente ley estará sujeta a la tasa del cinco por mil (5‰) en el impuesto sobre la transferencia de títulos valores, siempre que se efectúe en mercados de valores autorizados en los términos de la ley 17.811.

Art. 43. - Los planes de participación del personal en relación de dependencia en los capitales de las sociedades anónimas autorizadas a realizar oferta pública de sus acciones, que se establezcan sobre una base proporcional a sus remuneraciones y gratuita para todos los dependientes y en las condiciones que fije la reglamentación, gozarán de los siguientes beneficios.

a) Las sumas que las sociedades destinen a la suscripción o adquisición de sus propias acciones para atribuirlas al personal mencionado en tales planes serán deducibles del impuesto a las ganancias hasta el veinte por ciento (20%) de las ganancias netas del ejercicio después de computar los quebrantos acumulados de períodos anteriores.

b) Las acciones, así como las ganancias o beneficios que deriven de ellas estarán exentas de todo gravamen durante el tiempo que permanezcan indisponibles en tales planes a nombre de sus beneficiarios.

Las sumas indicadas en el inc. a) no serán consideradas partes de indemnizaciones, sueldos, jornales o retribuciones a los fines laborales, previsionales o sociales, y por tanto estarán exentas de aportes y contribuciones de obras sociales, cajas de subsidios familiares, Fondo Nacional de la Vivienda o cualquier otro concepto similar.

Art. 44. - Deróganse los arts. 10 a 20 de la ley 19.060 sobre bonos de obligaciones convertibles en acciones.

Art. 45. - Sustitúyese el art. 325 de la ley 19.550, t.o en 1984, por el siguiente:

Art. 325. - Las sociedades anónimas incluidas las de la Sección VI y en comandita por acciones podrán, si sus estatutos lo autorizan, contraer empréstitos en forma pública o privada, mediante la emisión de *debentures*.

Art. 46. – Modifícase el inc. c) del art. 35 de la disposición de facto 20.091, el que queda redactado de la siguiente manera:

c) Obligaciones negociables que tengan oferta pública autorizada emitida por sociedades por acciones, cooperativas o asociaciones civiles y en *debentures*, en ambos casos con garantía especial o flotante en primer grado sobre bienes radicados en el país.

Art. 47. – Comuníquese, etc.

DECRETO 156/89

OBLIGACIONES NEGOCIABLES. REGLAMENTACION DE DISTINTOS ASPECTOS DE LA LEY 23.576

Fecha: 7 de febrero 1989
Publicación: *B.O.* 13/II/89

Artículo 1º. – De conformidad con lo dispuesto en el segundo párrafo del art. 5º de la ley, en el acto de emisión de obligaciones convertibles el valor de conversión no podrá establecerse de modo tal que implique la emisión de acciones bajo la par. Tal restricción no obsta a que el valor nominal de las obligaciones convertibles se actualice según pautas objetivas de estabilización, que pueden estipularse de acuerdo con el primer párrafo del art. 4º de la ley.

El reajuste del valor de conversión mencionado en los arts. 5º y 10, inc. g) de la ley, que procede en los supuestos previstos en los arts. 23, inc. b), 25 y 26 de la misma, no podrá establecerse en el acto de emisión mediante una relación o proporción cuya determinación afecte la integridad del valor nominal del capital social.

La sociedad emisora no podrá realizar las operaciones sociales mencionadas en los arts. 23, 25 y 26 de la ley, en condiciones tales que la determinación del reajuste del valor de conversión, por aplicación de la fórmula prevista, implique una emisión de acciones por conversión que afecte la integridad del valor nominal del capital social.

Art. 2º. – Las obligaciones negociables que se emitan al portador para su negociación en las bolsas de comercio del país, según lo dispuesto en el art. 8º de la ley, deberán contar con autorización a cotizar previa al lanzamiento público. La suscripción o adquisición por el primer obligacionista se anotará en la respectiva cuenta y subcuenta de la Caja de Valores la que deberá llevar los registros sistemáticos que permitan la individualización del comitente, los que serán puestos a disposición de la Comisión Nacional de Valores cuando ésta lo requiera.

Art. 3º. – Cuando el obligacionista que haya adquirido obligaciones al portador en bolsa, retire los títulos de la Caja de Valores ésta deberá expedirle constancia de esa adquisición, con el nombre, domicilio, clase y número de documento de identidad si es persona física, o denominación, sede social y número de inscripción en el registro correspondiente si es persona jurídica; clave única de identificación tributaria; clave, valor nominal, numeración y cupón corriente de los títulos. La Caja de Valores conserva copia de esta constancia o registro fehaciente de datos consignados.

Art. 4º. – Las entidades emisoras o sus agentes pagadores no podrán abonar rentas, amortizaciones o cualquier otro beneficio correspondiente a obligaciones negociables que les sean presentadas al portador, si el obligacionista no acredita haberlas adquirido en bolsa y retirado de la Caja de Valores, con la constancia expedida por ésta.

Art. 5º. – Será de aplicación en la pertinente el decreto 83/86 para las obligaciones que se emitan en forma nominativa no endosable o que se conviertan posteriormente a esa modalidad para su negociación fuera de bolsa.

Art. 6º. – El plazo mínimo de amortización total de las obligaciones, no inferior a tres (3) años a partir de la integración de la emisión, que establece el art. 36 de la ley, se contará del siguiente modo:

a) Si la suscripción se realiza al contado por oferta directamente al público o con compromiso de colocación al mejor esfuerzo: Se tomará la fecha de cierre del período de lanzamiento. Si al vencimiento de éste quedasen obligaciones sin colocar, podrán ser ofrecidas en períodos sucesivos y en cada caso se considerará que hay nueva serie a los fines de este artículo.

b) Si la colocación se efectúa por compromiso de adquisición en firme: Se tomará la fecha de ingreso de los fondos a la sociedad, o si éstos hubiesen sido anticipados, la fecha de puesta a disposición de las obligaciones.

c) Si la colocación se efectúa al contado con compromiso de adquisición en firme del remanente: Se tomará la fecha de cierre del período de lanzamiento al público.

d) Si la suscripción se integra a plazo: Se tomará la fecha de vencimiento de la última cuota.

Art. 7º. – La colocación de obligaciones negociables podrá hacerse en forma pública o privada a opción de la entidad emisora.

Para la autorización de oferta pública o cotización de tales obligaciones no se exigirá la inscripción de los capitales sociales de las entidades emisoras en dichos regímenes, salvo cuando las obligaciones fuesen convertibles en acciones, según lo dispuesto en el art. 22 de la ley.

Art. 8º. – En los casos de amortización parcial, el plazo mínimo de un (1) año para la primera amortización desde la fecha de integración de la emisión que prevé el art. 36 de la ley, se contará del modo dispuesto en el art. 6º del presente decreto.

Art. 9º. – Para la determinación del importe máximo deducible en el impuesto a las ganancias de cada ejercicio en concepto de actualización, a los efectos del art. 37 de la ley, se entenderá por "montos de títulos emitidos" el valor nominal de las obligaciones suscriptas.

Para la determinación del importe máximo deducible en el primer ejercicio fiscal se aplicará la variación del índice previsto en el mencionado artículo sobre dicho monto, desde el mes de su emisión hasta el mes de cierre del ejercicio citado.

Para cada uno de los ejercicios fiscales siguientes, la variación del índice a que alude el párrafo anterior se aplicará sobre el valor nominal actualizado al cierre del ejercicio inmediato anterior.

En los supuestos de los párrafos segundo y tercero precedentes se adicionará el interés previsto en la ley.

Art. 10. – En las obligaciones emitidas, suscriptas e integradas en moneda extranjera, de acuerdo con lo expuesto en el art. 4º de la ley, los montos máximos deducibles por los conceptos del art. 37 de la misma se determinará convirtiendo el valor nominal de los títulos a moneda de curso legal en la República Argentina.

La conversión se realizará mediante la utilización del tipo de cambio vendedor según la cotización del Banco de la Nación Argentina, de corresponder, considerando como fecha de la misma la de emisión del título.

Una vez determinado el valor de las obligaciones en moneda de curso legal serán de aplicación las previsiones del art. 9º.

Art. 11. – Se entenderá por entidades exentas aquéllas a las que se les hubiera otorgado tal condición por aplicación del art. 20 de la ley de impuesto a las ganancias, t.o. en 1986 y sus modificaciones.

Asimismo, serán consideradas entidades liberadas las que estuviesen amparadas por algún régimen de promoción que otorgue exención total, parcial o decreciente de los beneficios gravados por el impuesto a las ganancias, exención o desgravación de este impuesto.

Art. 12. – Las entidades exentas no comprendidas en las disposiciones del segundo párrafo "in fine" del art. 38 de la ley, son las definidas como tales en el primer párrafo del artículo anterior.

Art. 13. – Las entidades no amparadas en regímenes promocionales que no hubiesen dado cumplimiento a los requisitos que prevé la ley, este reglamento y las normas que dicte la Comisión Nacional de Valores, deberán adicionar al balance impositivo del ejercicio en que se produzca el incumplimiento, la totalidad de las sumas deducidas en cada ejercicio fiscal en concepto de ajuste de capital y/o intereses, actualizados desde la fecha de cierre del ejercicio en que fueron deducidas hasta la fecha de cierre del ejercicio en que se verifique el incumplimiento mediante la aplicación de la variación de índices del art. 89 de la ley de impuesto a las ganancias (t.o. en 1986 y sus modificaciones)

Art. 14. – A los fines del art. 38 segundo párrafo de la ley, las entidades liberadas a las que se refiere el art. 11 que no cumplan con los requisitos previstos en las normas aplicables deberán abonar en concepto de impuesto a las ganancias, con carácter de pago único y definitivo, el treinta y tres por ciento (33%) sobre las sumas deducidas conforme dicho artículo, los que serán actualizados de acuerdo al procedimiento del artículo anterior.

Art. 15. – Los planes de participación del personal en relación de dependencia en los capitales de las sociedades anónimas autorizadas a realizar oferta pública de sus acciones, previstos en el art. 43 de la ley, deberán adecuarse a las siguientes condiciones mínimas:

a) Para formación del plan no se requerirá mención expresa en el estatuto y bastará una resolución de la asamblea ordinaria, que se inscribirá en el Registro Público de Comercio. El mismo procedimiento se seguirá para la modificación o extinción voluntaria.

b) Participarán en el plan todas las personas vinculadas a la sociedad por un contrato de trabajo celebrado en las condiciones del art. 21 de la ley respectiva (t.o. por dec. 390/76 del 13 de mayo de 1976 y sus modificatorios).

c) La participación en el plan se calculará sobre una base proporcional, determinada en porcentaje uniforme de las remuneraciones de cada trabajador.

d) Para participar en el plan, la sociedad podrá exigir, con alcance general, una antigüedad mínima en el empleo, que no podrá ser superior a dos (2) años.

e) Las acciones que se atribuyen al personal podrán ser ordinarias o preferidas, pero en cualquier caso deberán ser inscriptas en el régimen de oferta pública y a cotización en bolsa si las acciones de la misma u otra clase anteriormente emitidas ya cotizaren.

f) Las acciones serán atribuidas a cada dependiente sin exigírsele desembolsos ni contraprestación de ninguna especie, salvo la que normalmente corresponda por el contrato de trabajo. Tampoco podrá condicionarse la atribución gratuita a la suscripción o adquisición de cantidades adicionales con fondos propios o remuneraciones del trabajador.

g) Las acciones podrán ser atribuidas por suscripción, en condiciones no menos favorables que las que se otorguen a personas no incluidas en el plan.

h) La sociedad podrá igualmente asignar en el plan acciones en cartera o que adquiera a otros accionistas a precios de mercado.

i) La sociedad podrá incluir en el plan cualquier otro beneficio o modalidad adicional que contribuya a su éxito y funcionalidad, respetando la base proporcional y la gratuidad mencionadas en los incs. c) y f) precedentes.

j) Las acciones serán inscriptas a nombre de cada dependiente en el Libro de Registro de

Accionistas y en las láminas o certificados, si los hubiere. Se podrá formar a este solo fin una clase especial de acciones escriturales que comprenda a todas las que integren el plan.

Art. 16.– Las acciones que formen el plan no podrán ser transferidas ni gravadas por su titular durante tres (3) años, contados desde la anotación en el libro de registro a su nombre. Tal prohibición cesa en caso de fallecimiento, despido, renuncia al empleo o extinción del plan.

Art. 17.– De conformidad con lo dispuesto en el art. 43, inc. b) de la ley, las acciones, así como las utilidades o beneficios que deriven de ellas estarán exentos de todo gravamen durante el tiempo que permanezcan indisponibles en el plan a nombre del dependiente que las recibió de sus derecho-habientes.

Transcurridos los tres (3) años mencionados en el art. 16 del presente decreto, las acciones serán libremente gravables y transferibles, sin que se les aplique el impuesto a los beneficios eventuales ni ningún otro que pudiere corresponder sobre las ganancias de capital, utilidades o beneficios devengados durante el período de indisponibilidad.

Art. 18.– Las nuevas acciones que correspondan a los participantes del plan por capitalización de utilidades, reservas o saldos de ajuste integral del capital, les serán atribuidas y anotadas por la sociedad en el libro de registro, al

poner a disposición de los restantes accionistas las acciones que resulten de esas operaciones.

La sociedad no podrá invocar caducidad o prescripción respecto de las acciones atribuibles en el plan, aunque hubiere omitido la anotación.

Las acciones asignadas en el plan por las operaciones indicadas en el párrafo precedente quedarán sujetas al plazo de indisponibilidad previsto en el art. 16 del presente decreto.

Art. 19.– Los dividendos en efectivo correspondientes a las acciones que formen el plan se pondrán a disposición de los dependientes en el plazo que se fije para todos los accionistas, lo que se hará saber a los participantes del plan por cualquier medio apropiado.

Art. 20.– En caso de suscripción de acciones, obligaciones o *debentures*, que por ley o estatuto de la sociedad otorguen derecho de preferencia a los accionistas, los dependientes que lo ejerzan podrán integrar los valores suscriptos con las sumas que la sociedad deba destinar a nuevos aportes al plan y estuvieren pendientes de asignación durante el ejercicio o con fondos propios o con las facilidades que les otorgue la sociedad. Si lo hacen con fondos propios, las acciones, obligaciones o *debentures* suscriptos no quedarán sujetos a indisponibilidad dentro del plan.

Art. 21.– Los participantes del plan podrán votar en las asambleas de acuerdo con las normas de la ley 19.550. En caso de hacerlo por mandatario, la representación sólo podrá ser otorgada a otros accionistas incluidos en el mismo plan.

Art. 22. – Toda modificación del plan que disminuya los beneficios o aumente los requisitos para los participantes tendrá vigencia para los nuevos dependientes que ingresen a la sociedad desde la inscripción de la resolución asamblearia en el Registro Público de Comercio y a partir del siguiente ejercicio social para los dependientes ya incluidos en el plan.

La extinción voluntaria del plan se operará a partir del ejercicio social siguiente al de la fecha de la asamblea que la resuelva y en caso de disolución de la sociedad, desde la inscripción de ésta.

No se requerirá consentimiento previo o ratificación de asamblea especial.

Art. 23. – Se entenderá que el período de indisponibilidad ha finalizado cuando se verifique cualquiera de los supuestos indicados en los arts. 16 y 22 segundo párrafo.

Los valores que surjan de aplicación de las siguientes disposiciones constituirán, al momento en que se produzca la disponibilidad de los títulos, costo computable a los fines del impuesto sobre los beneficios eventuales:

a) Acciones que coticen en bolsas o mercados: al último valor de cotización a la fecha en que finalice el período de indisponibili-

dad o último valor de mercado a dicha fecha.

b) Acciones que no coticen en bolsas o mercados: el valor de cada acción se establecerá dividiendo el capital de la emisora por la cantidad de acciones que componen el capital social de la misma. Para determinar el capital de la emisora serán de aplicación las normas de la ley del impuesto sobre los capitales (t.o. en 1986, y sus modificaciones reglamentarias).

Cuando la fecha de cierre del ejercicio fiscal de la emisora no coincidiera con la de finalización del período de indisponibilidad, el capital del último ejercicio fiscal cerrado con anterioridad a la finalización del período aludido, calculado conforme las normas citadas, se actualizará, a los fines del inc. b), teniendo en consideración la variación operada en el índice de precios entre la fecha de cierre de ejercicio y la de finalización de la indisponiblidad, previstos en la emisión respectiva.

La información que requieran y obtengan los titulares de las acciones a efectos de este artículo se regirá por las normas del cuerpo legal citado en el inc. b).

Si en la fecha indicada en el inc. a) no hubiere cotización, se computará la primera que exista en fecha inmediata anterior a la de la finalización de la indisponibilidad.

Art. 24. – La deducción del art. 43, inc. a) de la ley, procederá si hasta la fecha de vencimiento general para la presentación de la declaración jurada del período fiscal en el que se destinaron las sumas al plan de participación, se hubiera cumplimentado la condición prevista en el inc. j) del art. 15 de este decreto.

Art. 25.- Las sumas deducibles de la ganancia neta imponible a que se refiere el art. 43 inc. a) de la ley podrán incluir, además del precio de las acciones, el de los cupones necesarios a valores de mercado para ejercer la suscripción y los gastos de adquisición.

Dicha deducción no podrá superar el importe que surja de calcular el veinte por ciento (20%) sobre la ganancia imponible del ejercicio en que se destinaron las sumas, previo cómputo de los quebrantos acumulados de períodos anteriores, determinados de acuerdo a las disposiciones de la ley de impuesto a las ganancias (t.o. en 1986 y sus modificaciones).

Art. 26.- La Comisión Nacional de Valores será autoridad de interpretación y aplicación de la ley 23.576 y de este decreto reglamentario con las facultades previstas en la ley 17.811 en todo lo referente a planes de participación del personal y obligaciones negociables que se emitan para ser colocadas por oferta pública en los términos del art. 16 de la ley 17.811.

En los casos de colocaciones privadas de obligaciones las facultades enunciadas serán ejercidas por la autoridad de control que corresponda al emisor.

Lo expresado en los párrafos precedentes es sin perjuicio de las facultades que le corresponden a la Dirección General Impositiva en lo que es materia de su competencia.

Art. 27.- Las sociedades anónimas y en comandita por acciones autorizadas por la Comisión Nacional de Valores a colocar públicamente sus obligaciones negociables quedarán sometidas, cuando corresponde por su domicilio, a lo dispuesto por la ley 22.169 en materia de control societario. Este control cesará cuando las obligaciones sean rescatadas o amortizadas en su totalidad.

Art. 28.- El Poder Ejecutivo Nacional invita a las provincias y al Territorio Nacional de la Tierra del Fuego, Antártida e Islas del Atlántico Sur a eximir del impuesto de sellos a los actos, contratos y operaciones, incluyendo entregas o recepciones de dinero, relacionados con la emisión y transferencia, cualquiera fuera la causa, de las obligaciones negociables a que se refiere la ley; como así también a las emisiones de acciones a entregar por conversión de las obligaciones.

Asimismo, el Poder Ejecutivo Nacional invita a la Municipalidad de la Ciudad de Buenos Aires, a las provincias y al Territorio Nacional de la Tierra del Fuego, Antártida e Islas del Atlántico Sur a eximir del impuesto a los ingresos brutos, en caso de estar gravados, a todas las operaciones sobre obligaciones negociables, como así también a las rentas producidas por las mismas, y los ajustes de estabilización o corrección monetaria.

Art. 29.– Comuníquese, etc. – *Alfonsín – Sourrouille – Sábato – Tonelli – Brodersohn.*

LEY 23.962

LEY DE OBLIGACIONES NEGOCIABLES MODIFICACION DE LA LEY 23.576 Y DEL ART. 35 DE LA LEY 20.091

Sanción: 4 de julio 1991.
Promulgación: 1 agosto 1991.
Publicación: *B.O.* 6/VIII/91.

Artículo 1º.– Se agrega el art. 36 bis, y se sustituyen los arts. 1º, 3º, 4º, 7º, 8º, 10, 35, 36, 37, 38 y 46 de la ley 23.576 de obligaciones negociables por los siguientes:

Artículo 1º.– Las sociedades por acciones, las cooperativas y las asociaciones civiles constituidas en el país, y las sucursales de las sociedades por acciones constituidas en el extranjero en los términos del art. 118 de la ley de sociedades comerciales, pueden contraer empréstitos mediante la emisión de obligaciones negociables, conforme las disposiciones de la presente ley.

Se aplican las disposiciones de la presente ley, en forma que reglamente el Poder Ejecutivo, a las entidades del Estado nacional, de las provincias y de las municipalidades regidas por las leyes 13.653

(t. o.), 19.550 (t.o. en 1984) (arts. 308 a 314), 20.705 y por leyes convenios.

Art. 3º.– Pueden emitirse con garantía flotante, especial o común. La emisión cuyo privilegio no se limite a bienes inmuebles determinados se considerará realizada con garantía flotante. Será de aplicación lo dispuesto en los arts. 327 a 333 de la ley 19.550 (t.o. en 1984). Las garantías se constituyen por las manifestaciones que el emisor realice en las resoluciones que dispongan la emisión y deben inscribirse, cuando corresponda según su tipo, en los registros pertinentes.

La inscripción en dichos registros deberá ser acreditada ante el organismo de contralor con anterioridad al comienzo del período de colocación. La hipoteca se constituirá y cancelará por declaración unilateral de la emisora cuando no concurra un fiduciario en los términos del art. 13, y no requiere de la aceptación por los acreedores. La cancelación sólo procederá si media certificación contable acerca de la amortización o rescate total de las obligaciones negociables garantizadas, o conformidad unánime de los obligacionistas. En el caso de obligaciones negociables con oferta pública, se requiere además la conformidad de la Comisión Nacional de Valores.

Pueden ser igualmente avaladas o garantizadas por cualquier otro medio. Pueden también ser garantizadas por entidades financieras comprendidas en la ley respectiva.

Art. 4º.– Las obligaciones negociables pueden emitirse con

cláusulas de reajuste de capital conforme a pautas objetivas de estabilización, en tanto sean compatibles con lo prescripto en la ley 23.928 y otorgar un interés fijo o variable.

Es permitida la emisión en moneda extranjera. La suscripción, así como el cumplimiento de los servicios de renta y amortización, cuyos pagos podrán se efectuados en plazas del exterior, deberán ajustarse en todos los casos a las condiciones de emisión.

La salida de las obligaciones negociables del país y su reingreso se podrá efectuar libremente.

El emisor de obligaciones denominadas y suscriptas en moneda extranjera que obtenga divisas de sus exportaciones podrá imputar parte de ellas a la constitución de un fondo en el país o en el exterior, en los montos necesarios para atender los servicios de renta y amortización de dichas obligaciones negociables hasta los límites previstos en el art. 36, inc. 4) de la presente ley.

El Banco Central de la República Argentina y la Comisión Nacional de Valores ejercerán la supervisión y control de los fondos constituidos de acuerdo a la opción incorporada en el párrafo anterior.

En el supuesto de que el Banco Central de la República Argentina limitase, total o parcialmente, el acceso al mercado de cambios, deberá establecer los mecanismos a fin de facilitar el cumplimiento de los servicios de renta y amortización de las obligaciones negociables denominadas y suscriptas en moneda extranjera que hayan sido colocadas por oferta pública con autorización de la Comisión Nacional de Valores.

Art. 7º. – Los títulos deben contener:

a) La denominación y domicilio de la emisora, fecha y lugar de constitución, duración y los datos de su inscripción en el Registro Público de Comercio u organismos correspondientes, en lo pertinente;

b) El número de serie y de orden de cada título, y el valor nominal que representa;

c) El monto del empréstito y moneda en que se emite;

d) La naturaleza de la garantía;

e) Las condiciones de conversión en su caso;

f) Las condiciones de amortización;

g) La fórmula de actualización del capital en su caso, tipo y época del pago de interés;

h) Nombre y apellido o denominación del suscriptor, si son nominativos.

Deben ser firmados de conformidad con los arts. 212 de la ley 19.550 (t.o. en 1984) o 26 de la ley 20.337, tratándose de sociedades por acciones o cooperativas, respectivamente, y por el representante legal y un miembro del órgano de administración designado al efecto, si se trata de asociaciones civiles o sucursales de sociedades constituidas en el extranjero, según el caso. Cuando se trate de obligaciones escriturales, los datos indicados en los puntos a) y h) de este artículo, deberán transcribirse en los comprobantes de apertura y constantes de saldo.

Art. 8º. - Las obligaciones negociables podrán ser representadas en títulos al portador o nominativos, endosables o no. Los cupones podrán ser, en todos los casos, al portador y deberán contener la numeración del título al cual pertenecen. También se podrán emitir obligaciones escriturales, conforme al art. 31.

Art. 10. - En los casos de emisión de obligaciones negociables la emisora deberá elaborar un aviso que publicará en el Boletín Oficial por un (1) día, quedando constancia del contenido del mismo en el organismo de control respectivo, y se inscribirá en el Registro Público de Comercio con los siguientes datos:

a) Fecha de las asambleas y reunión del órgano de administración en su caso, en que se haya decidido el empréstito y sus condiciones de emisión:

b) La denominación de la emisora, domicilio, fecha y lugar de constitución, duración y los datos de su inscripción en el Registro Público de Comercio u organismo correspondiente.;

c) El objeto social y la actividad principal desarrollada a la época de la emisión;

d) El capital social y el patrimonio neto de la emisora;

e) El monto del empréstito y la moneda en que se emite;

f) El monto de las obligaciones negociables o *debentures* emitidos con anterioridad, así como el de las deudas con privilegios o garantías que la emisora tenga contraídas al tiempo de la emisión;

g) La naturaleza de la garantía;

h) Las condiciones de amortización;

i) La fórmula de actualización del capital en su caso, tipo y época del pago del interés;

j) Si fueren convertibles en acciones la fórmula de conversión, así como las de reajuste en los supuestos de los arts. 23, inc. b), 25 y 26 de la presente ley y la parte pertinente de las decisiones de los órganos de gobierno y de administración en su caso, referente a la emisión.

Art. 35. - Están exentos del impuesto de sellos los actos, contratos y operaciones, incluyendo entregas o recepciones de dinero, relacionados a la emisión, suscripción, colocación y transferencias de las obligaciones negociables a las que se refiere la presente ley. Esta exención alcanza además a todo tipo de garantías personales o reales, constituidas a favor de los inversores o de terceros que garanticen la emisión, sean anteriores, simultáneos o posteriores a la misma.

Asimismo estarán exentos del impuesto de sellos los aumentos de capital que correspondan por las emisiones de acciones a entregar por conversión de las obligaciones a que alude el párrafo precedente.

El Poder Ejecutivo invitará a las provincias a otorgar iguales exenciones en el ámbito de sus jurisdicciones.

Las franquicias anteriores sólo alcanzan a los actos y contratos y operaciones referidos.

Art. 36. - Serán objeto del tratamiento impositivo establecido a continuación de las obligaciones negociables previstas en la presente ley, siempre que se cumplan las siguientes condiciones y obligaciones:

1. Se trata de emisiones de obligaciones negociables que sean colocadas por oferta pública, contando para ello con la respectiva autorización de la Comisión Nacional de Valores.

2. La emisora garantice la aplicación de los fondos a obtener mediante la colocación de las obligaciones negociables, a inversiones en activos físicos situados en el país, integración de capital de trabajo en el país o refinanciación de pasivos, a la integración de aportes de capital en sociedades controladas o vinculadas a la sociedad emisora cuyo producido se aplique exclusivamente a los destinos antes especificados, según se haya establecido en la resolución que disponga la emisión, y dado a conocer al público inversor a través del prospecto.

3. La emisora deberá acreditar ante la Comisión Nacional de Valores, en el tiempo, forma y condiciones que ésta determine, que los fondos obtenidos fueron invertidos de acuerdo al plan aprobado.

4. El plazo mínimo de amortización total de las obligaciones no podrá ser inferior a dos (2) años. En el caso de emitirse con cláusula de amortización parcial deberán cumplirse las siguientes condiciones adicionales:

a) La primera amortización no se efectuará hasta transcurridos seis (6) meses ni podrá ser superior al veinticinco por ciento (25%) de la emisión;

b) La segunda amortización no se efectuará hasta transcurridos doce (12) meses ni podrá ser superior al veinticinco por ciento (25%) de la emisión;

c) El total a amortizar dentro de los primeros dieciocho (18) meses no podrá exceder del setenta y cinco por ciento (75%) del total de la emisión;

Los plazos mencionados en este inciso se contarán a partir de la fecha en que comience la colocación de las obligaciones negociables.

Cuando la emisora sea una entidad financiera regida por la ley 21.526 y sus modificaciones, podrá además destinar dichos fondos al otorgamiento de préstamos a los que los prestatarios deberán dar el destino a que se refiere el inc. 2) del párrafo anterior, conforme a las reglamentaciones que a ese efecto dicte el Banco Central de la República Argentina. En el mismo supuesto será la entidad financiera la que deberá acreditar el destino final de los fondos en la forma que determine la Comisión Nacional de Valores.

Art. 36 bis. – El tratamiento impositivo a que se refiere el primer párrafo del artículo anterior será el siguiente:

1. Quedan exentos del impuesto al valor agregado, las operaciones financieras y prestaciones relativas a la emisión, suscripción, colocación, transferencia, amortización, intereses y cancelaciones de las obligaciones negociables y sus garantías.

2. La transferencia de obligaciones negociables creadas por la presente ley quedará exenta del

impuesto sobre la transferencia de títulos valores, siempre que la misma se efectúe en los mercados abierto y/o bursátil.

3. Los resultados provenientes de la compra-venta, cambio, permuta, conversión y disposición de obligaciones negociables quedan exentos del impuesto a las ganancias. Si se tratara de beneficiarios del exterior comprendidos en su Título V, no regirá lo dispuesto en el art. 21 de la misma ley, y en el art. 104 de la ley 11.683 (t.o. en 1978).

4. Quedan exentos del impuesto a las ganancias los intereses, actualizaciones y ajustes de capital. Si se tratara de beneficiarios del exterior comprendidos en su Título V, no regirá lo dispuesto en el art. 21 de la misma ley, y en el art. 104 de la ley 11.683 (t.o. en 1978).

Igual tratamiento impositivo se aplicará a los títulos públicos.

A los fines de facilitar el acceso de las pequeñas y medianas empresas al presente régimen, la Comisión Nacional de Valores establecerá requisitos diferenciales por categorías definidas por la magnitud de la emisión y el tamaño de la empresa emisora. Cuando la emisora se ajuste a lo previsto en el art. 13, la reglamentación podrá limitar las exigencias de intervención de la Comisión Nacional de Valores, sin perjuicio de mantener los beneficios del tratamiento fiscal establecido en el presente artículo.

Art. 37.- La entidad emisora podría deducir en el impuesto a las ganancias en cada ejercicio la totalidad de intereses y actualiza-ciones devengados por la obtención de los fondos provenientes de la colocación de las obligaciones negociables que cuenten con autorización de la Comisión Nacional de Valores para su oferta pública. Asimismo, serán deducibles los gastos y descuentos de emisión y colocación.

La Comisión Nacional de Valores declarará inaplicable este beneficio impositivo a toda solicitud de oferta pública de obligaciones negociables, que por el efecto combinado entre sus descuentos de emisión y tasa de interés a pagar represente para la entidad emisora un costo financiero desproporcionado con relación al prevaleciente en el mercado para riesgos y plazos similares.

Art. 8º.- Cuando la emisora no cumpla con las condiciones y obligaciones previstas en el art. 36, y sin perjuicio de las sanciones que pudieren corresponder de acuerdo con la ley 11.683 (t.o. 1978 y sus modificaciones), decaerán los beneficios resultantes del tratamiento impositivo previsto en esta ley y la emisora será responsable del pago de los impuestos que hubieran correspondido al inversor. En este caso deberá tributar, en concepto de impuesto a las ganancias, la tasa máxima prevista en el art. 90 de la ley respectiva sobre el total de las rentas devengadas en favor de los inversores.

El impuesto se abonará con sus correspondientes actualizaciones e intereses con carácter de pagos únicos y definitivos, facultándose a la Dirección General Impositiva a establecer la forma, plazos y condiciones de ingreso.

Art. 46. – Modifícase el inc. c) del art. 35 de la disposición de facto 20.091, el que queda redactado de la siguiente manera:

c) Obligaciones negociables que tengan oferta pública autorizada emitidas por sociedades por acciones, cooperativas, y asociaciones civiles constituidas en el país, o a las sucursales de las sociedades por acciones constituidas en el extranjero en los términos del art. 118 de la ley de sociedades comerciales, y en *debentures*, en ambos casos con garantía especial o flotante en primer grado sobre bienes radicados en el país.

Art. 2º. – Se derogan los arts. 39, 40 y 42 de la ley 23.576 de obligaciones negociables.

Art. 3º. – Las bolsas de comercio del interior del país que cuenten con mercado de valores adherido quedan facultadas para recibir las solicitudes de autorización de oferta pública de obligaciones negociables que deseen efectuar las personas jurídicas domiciliadas en su región.

Las solicitudes serán remitidas a la Comisión Nacional de Valores previo informe de la bolsa interviniente donde conste que se encuentra reunida la totalidad de los requisitos exigidos.

Las bolsas de comercio sin mercado de valores adherido gozarán también de esta facultad, pero deberán apoyar su informe con la opinión profesional de matriculados en los consejos profesionales de su zona.

Art. 4º. – Se modifica la ley de impuesto a las ganancias, t.o. 1986 y sus modificaciones, de la forma que se indica a continuación:

1. Sustitúyese el punto 7 del inc. a) del art 95, por el siguiente:

7. Acciones, cuotas y participaciones sociales incluidas las cuotas partes de fondos comunes de inversión; obligaciones negociables emitidas de conformidad a lo establecido por el art. 36 de la ley 23.576 y sus modificaciones y títulos, letras, bonos y demás títulos valores emitidos por los Estados nacional, provinciales o municipales.

2. Sustitúyese en el inc. a) del art. 97 la expresión "incs. h), k), t) y z)"por la expresión "incs. h, t) y z)".

3. Derógase el art. 99.

Art. 5º. – Lo dispuesto en el art. 4º tendrá efecto para los ejercicios fiscales cerrados a partir de la publicación de la presente ley.

Art. 6º. – Comuníquese, etc.

LEY Nº 24.083

FONDOS COMUNES DE INVERSION

Régimen Legal. Dirección y administración. Sindicatura.
Reglamento. Depósito. Bienes. Indivisión. Certificados.
Suscripción y rescate. Tratamiento impositivo.
Utilidades. Publicidad. Rescisión. Fiscalización. Sanciones.
Derogaciones. Plazo.

Sanción: Mayo 20 de 1992.
Promulgada de hecho: Junio 11 de 1992
Publicación: *B.O.*, 18/VI/1992

REGIMEN LEGAL DE FONDOS COMUNES DE INVERSION

Denominación

Artículo 1º. - Se considera fondo común de inversión al patrimonio integrado por: valores mobiliarios con oferta pública, metales preciosos, divisas, derechos y obligaciones derivados de operaciones de futuro y opciones, instrumentos emitidos por entidades financieras autorizadas por el Banco Central de la República Argentina y dinero, pertenecientes a diversas personas a las cuales se les reconocen derechos de copropiedad representados por cuotapartes cartulares o escriturales. Estos fondos no constituyen sociedades y carecen de personería jurídica.

Art. 2º. - La denominación fondo común de inversión, así como las análogas que determine la reglamentación, podrán utilizarse únicamente por los que se organicen conforme a las prescripciones de la presente ley debiendo agregar la designación que les permita diferenciarse entre sí.

Dirección y administración

Art. 3º. - La dirección y administración de fondos comunes de inversión estará a cargo de una sociedad anónima habilitada para esta gestión que actuará con la designación de sociedad gerente o por una entidad financiera autorizada para actuar como administradora de cartera de títulos valores por la ley de entidades financieras. La gerente del fondo, deberá:

a) Ejercer la representación colectiva de los copropietarios indivisos en lo concerniente a sus intereses y respecto a terceros, conforme a las reglamentaciones contractuales concertadas.

b) Tener, para ejercer su actividad, un patrimonio de cincuenta mil pesos ($ 50.000). Este patrimonio nunca podrá ser inferior al equivalente de cincuenta mil dólares estadounidenses (u$s 50.000).

Las sociedades gerentes de fondos comunes de inversión no podrán tener, en ningún caso, las mismas oficinas que la sociedad depositaria, debiendo ser éstas totalmente independientes.

Art. 4º.– La sociedad gerente y la depositaria, sus administradores, gerentes y miembros de sus órganos de fiscalización son solidaria e ilimitadamente responsables de los perjuicios que pudiera ocasionarse a los cuotapartistas por incumplimiento de las disposiciones legales pertinentes y del "Reglamento de Gestión".

Prohíbese a los directores, gerentes, apoderados y miembros de los órganos de fiscalización de la sociedad gerente ocupar cargo alguno en los órganos de dirección y fiscalización de la sociedad depositaria. Los directores, gerentes, empleados y miembros de los órganos de fiscalización de las sociedades gerentes y de los depositarios, así como los accionistas controlantes de las sociedades gerentes y de los depositarios y sus directores, gerentes, empleados y

miembros de los órganos de fiscalización estarán obligados a cumplir con las obligaciones de brindar la información que al respecto dicte el organismo de fiscalización, así como a respetar las restricciones que fije el órgano de fiscalización sobre las operaciones que en forma directa o indirecta efectuaren con activos iguales a aquellos que formen parte del haber del fondo común de inversión o las que realizaren con el fondo común de inversión o sus cuotapartes.

Art. 5º.– La sociedad gerente podrá administrar varios fondos comunes de inversión, en cuyo caso deberá:

a) Adoptar las medidas conducentes a la total independencia de los mismos, las que deberán consignarse en los prospectos de emisión.

b) Incrementar el patrimonio neto mínimo en un veinticinco por ciento (25%) por cada fondo adicional que administre.

Art. 6º.– La gestión del haber del fondo debe ajustarse a los objetivos de inversión definidos en el "Reglamento de Gestión" y enunciados detalladamente en el prospecto de emisión correspondiente. En el caso que el haber del fondo consista en valores mobiliarios (y derechos y obligaciones derivados de futuros y opciones) estos deben contar con oferta pública en el país o en el extranjero debiendo invertirse como mínimo un setenta y cinco por ciento (75%) en activos emitidos y negociados en el país.

Art. 7º.- La gestión del haber del fondo no puede:

a) Ejercer más del cinco por ciento (5%) del derecho a voto de una misma emisora, cualquiera sea su tenencia.

b) Invertir en valores mobiliarios emitidos por la sociedad gerente o la depositaria, o en cuotapartes de otros fondos comunes de inversión.

c) Adquirir valores emitidos por entidad controlante de la gerente o de la depositaria, en una proporción mayor al dos por ciento (2%) del capital o del pasivo obligacionario de la controlante, según el caso, conforme a su último balance general o subperiódico. Las acciones adquiridas en este supuesto carecerán del derecho de voto mientras pertenezcan al fondo.

d) Constituir la cartera con acciones, *debentures* simples o convertibles u obligaciones negociables simples o convertibles que representen más del diez por ciento (10%) del pasivo total de una misma emisora conforme al último balance general o subperiódico conocido.

e) Invertir en un solo título emitido por el Estado con iguales condiciones de emisión más del treinta por ciento (30%) del haber total del fondo común de inversión.

Art. 8º.- Salvo en cuanto al ejercicio del derecho de voto, las limitaciones establecidas en los artículos anteriores pueden excederse transitoriamente cuando se ejerciten derechos de suscripción o de conversión, o se perciban dividendos en acciones, debiendo establecerse tales límites en el término de seis (6) meses, a contar de la fecha en que se produjo el exceso.

Art. 9º.- No pueden integrar los directorios de los organismos de administración y fiscalización de los fondos: las personas sometidas a interdicción judicial, los quebrados o concursados no rehabilitados, los menores o incapacitados, los condenados a penas que lleven la accesoria de inhabilitación para el ejercicio de cargos públicos, o por delitos infamantes y los infractores a los que se refiere el artículo 35 de esta ley.

Sindicatura

Art. 10.- El o los síndicos de la sociedad gerente, uno de los cuales debe ser contador inscripto en la matrícula profesional respectiva, están obligados:

a) A certificar la cuenta de resultados y los estados patrimoniales del fondo en las épocas previstas en el "Reglamento de Gestión".

b) A vigilar permanentemente el estado de la cartera.

c) A denunciar al organismo de fiscalización las irregularidades en que hubiesen incurrido las sociedades gerente y depositaria.

Se establecen esos deberes sin perjuicio de las funciones que asigna a los síndicos la Ley de Sociedades Comerciales.

Reglamento

Art. 11.- El "Reglamento de Gestión" se celebrará por escritura pública o por instrumento privado con firmas ratificadas ante escribano público o ante el órgano de fiscalización entre las sociedades gerente y depositaria, antes del funcionamiento del fondo de inversión y establecerá las normas contractuales que regirán las relaciones entre las nombradas y los copropietarios indivisos. Ese reglamento, así como las modificaciones que pudieran introducírsele, entrarán en vigor una vez aprobados por el organismo de fiscalización establecido en el artículo 32 de esta ley, el que deberá expedirse dentro de los treinta (30) días de presentado para su aprobación. Si el organismo de fiscalización no se expidiese en el término determinado precedentemente, se considerará aprobado el "Reglamento de Gestión" o sus modificaciones procediéndose a su publicación por (2) días en el Boletín Oficial y en un diario de amplia difusión en la jurisdicción de las sociedades gerente y depositaria, antes de su inscripción en el Registro Público de Comercio. Las modificaciones serán oponibles a terceros a los cinco (5) días de su inscripición en el Registro Público de Comercio.

Art. 12.- La suscripción de cuotapartes emitidas por los órganos del fondo implica, de pleno derecho, adhesión al "Reglamento de Gestión", del cual debe entregarse copia íntegra al suscriptor, dejándose constancia de ello en los comprobantes o certificados representativos de aquéllas.

Art. 13.- El "Reglamento de Gestión" debe especificar:

a) Planes que se adoptan para la inversión del patrimonio del fondo, especificando los objetivos a alcanzar y limitaciones a las inversiones por tipo de activo.

b) Normas y plazos para la recepción de suscripciones rescate de cuotapartes y procedimiento para los cálculos respectivos.

c) Límites de los gastos de gestión y de las comisiones y honorarios que se percibirán en cada caso por las sociedades gerente y depositaria. Debe establecerse un límite porcentual máximo anual por todo concepto, cuya doceava parte se aplica sobre el patrimonio neto del fondo al fin de cada mes. Los gastos, comisiones, honorarios y todo cargo que se efectúe al fondo, no podrán superar al referido límite, excluyéndose únicamente los aranceles, derechos e impuestos correspondientes a la negociación de los bienes del fondo.

d) Condiciones para el ejercicio del derecho de voto correspondientes a las acciones que integren el haber del fondo.

e) Procedimiento para la modificación del "Reglamento de Gestión" por ambos órganos del fondo.

f) Término de duración del estado de indivisión del fondo o la constancia de ser por tiempo indeterminado.

g) Causas y normas de liquidación del fondo y bases para la distribución del patrimonio entre los copropietarios y requisitos de publicidad de la misma.

h) Régimen de distribución a los copropietarios de los beneficios producidos por la explotación del fondo, si así surgiere de los objetivos y política de inversión determinados.

i) Disposiciones que deben adoptarse en los supuestos que la sociedad gerente o depositaria no estuvieren en condiciones de continuar las funciones que les atribuye esta ley o las previstas en el "Reglamento de Gestión".

j) Determinación de los topes máximos a cobrar en concepto de gastos de suscripción y rescate.

Depósito. Bienes. Indivisión

Ar. 14. – Los bienes integrantes de un fondo común de inversión o sus títulos representativos serán custodiados por una o más entidades financieras autorizadas, o sociedades con domicilio en el país y que actuarán con la designación de "depositaria". La entidad financiera que fuere gerente de fondos comunes de inversión no podrá actuar como depositaria de los activos que conforman el haber de los fondos comunes de inversión que administre en ese carácter.

Las sociedades que actúen en ese carácter, deben revestir la forma jurídica de sociedad anónima, tener un patrimonio neto mínimo de cien mil pesos ($ 100.000), el que debe mantenerse actualizado al equivalente de cien mil dólares estadounidenses (u$s 100.000) y tendrán como objeto exclusivo la actuación como depositarias de fondos comunes de inversión.

Es de incumbencia de la sociedad depositaria:

a) La percepción del importe de las suscripciones, pago de los rescates que se requieran conforme las prescripciones de esta ley y el "Reglamento de Gestión".

b) La vigilancia del cumplimiento por la sociedad gerente de las disposiciones relacionadas con la adquisición y negociación de los activos integrantes del fondo, previstas en el "Reglamento de Gestión".

c) La guarda y el depósito de valores, pago y cobro de los beneficios devengados, así como el producto de la compraventa de valores y cualquiera otra operación inherente a estas actividades. Los valores podrán ser depositados en una caja constituida según la ley 20.643.

d) La de llevar el registro de cuotapartes escriturales o nominativas y expedir las constancias que soliciten los cuotapartistas.

Art. 15. – La indivisión del patrimonio de un fondo común de inversión no cesa a requerimiento de uno o varios de los copropietarios indivisos, sus herederos, derecho-habientes o acreedores, los cuales no pueden pedir su disolución durante el término establecido para su existencia en el "Reglamento de Gestión" o cuando fuere por tiempo indeterminado, mientras esté en vigencia el plan de inversiones del fondo.

Art. 16. – La desvinculación de los copartícipes en la indivisión de un fondo común de inversión se opera, exclusivamente por el rescate de partes previsto en el "Reglamento de Gestión" y en esta ley.

Art. 17.- El dinero en efectivo no invertido, perteneciente al fondo, debe depositarse en entidades financieras autorizadas por el Banco Central de la República Argentina.

Certificados

Art. 18.- Las cuotapartes emitidas por el fondo común de inversión estarán representadas por certificados de copropiedad nominativos o al portador, en los cuales se dejará constancia de los derechos del titular de la copropiedad y deberán ser firmados por los representantes de ambos órganos del fondo. Las firmas podrán ser estampadas por medios mecánicos copiadores. Podrán emitirse cuotapartes escriturales, estando a cargo de la depositaria el registro de cuotapartistas. Un mismo certificado podrá representar una o más cuotapartes. La emisión de cuotapartes debe expedirse contra el pago total del precio de suscripción, no admitiéndose pagos parciales.

Art. 19.- En caso de robo, pérdida o destrucción de uno o más de los certificados, se procederá conforme lo dispuesto por el "Reglamento de Gestión" y en su defecto por lo determinado por el Código de Comercio.

Suscripción y rescate

Art. 20.- Las suscripciones y los rescates deberán efectuarse valuando el patrimonio neto del fondo mediante los precios promedio ponderado, registrados al cierre del día en que se soliciten. En los casos en que las suscripciones o rescates se solicitaran durante días en que no haya negociación de los valores integrantes del fondo, el precio se calculará de acuerdo al valor del patrimonio del fondo calculado con los precios promedio ponderado registrados al cierre del día en que se reanude la negociación. Los precios podrán variar de acuerdo a lo previsto en el inciso j) del artículo 13 de esta ley. Cuando los valores mobiliarios y derechos u obligaciones derivados de operaciones de futuros y opciones se negocien en bolsa, se tomará el precio promedio ponderado del día o, en su defecto, el del último día de cotización en la bolsa de mayor volumen operado en esa especie.

Art. 21.- La emisión de cuotapartes podrá acrecentarse en forma continua, conforme a su suscripción, o disminuir en razón de los rescates producidos.

Esta disposición no se aplicará cuando el fondo común se constituya con una cantidad máxima de cuotapartes, a las que una vez colocadas no podrán ser rescatadas hasta la disolución del fondo o finalización del plan de inversiones determinado en el "Reglamento de Gestión". Las cuotapartes correspondientes a este tipo de fondos son susceptibles de ser autorizadas a la oferta pública conforme a la ley 17.811.

Art. 22.- Los cuotapartistas tienen el derecho a exigir en cualquier tiempo el rescate, que deberá verificarse obligatoriamente por los órganos del fondo común dentro de tres (3) días hábiles de formulado el requerimiento, contra devolución del respectivo certificado. El "Reglamento de Gestión" podrá prever épocas para pedir los respectivos rescates o fijar plazos más prolongados.

Art. 23.- La obligación de verificar el rescate requerido queda en suspenso en los casos de excepción previstos en el artículo 2715, *in fine,* del Código Civil, lo que en el supuesto de exceder de tres (3) días debe resultar de una decisión del organismo a que se refiere el artículo 32 de la presente ley.

Art. 24.- Los suscriptores de cuotapartes gozarán del derecho a la distribución de las utilidades que arroje el fondo común, cuando así lo establezca el "Reglamento de Gestión", y al de rescate previsto en esta ley, pero en ningún caso a exigir el reintegro en especie, sea que el reembolso se efectúe durante la actividad del fondo o al tiempo de su liquidación.

Tratamiento impositivo

Art. 25.- El tratamiento impositivo aplicable a los fondos comunes de inversión regidos por la presente ley y a las inversiones realizadas en los mismos, será el establecido por las leyes tributarias correspondientes, no aplicándose condiciones diferenciales respecto del tratamiento general que reciben las mismas actividades o inversiones.

Utilidades

Art. 26.- Los beneficios devengados durante la actividad de los fondos comunes de inversión podrán distribuirse entre los copropietarios en la forma y proporciones previstas en el "Reglamento de Gestión".

Publicidad

Art. 27.- Será obligatoria la publicidad de:

a) Diariamente, el valor de la cantidad total de cuotapartes emitidas, netas de suscripciones y rescates al cierre de las operaciones del día.

b) Mensualmente, la composición de la cartera de inversiones. Sin perjuicio de ello, los órganos activos del fondo deberán exhibir en sus locales de atención al público un extracto semanal de la composición de su cartera.

c) Trimestralmente, el estado de resultados.

d) Anualmente, el balance y estado de resultados en moneda de valor constante y el detalle de los activos integrantes del fondo.

Art. 28.- La publicidad dispuesta en el artículo precedente debe practicarse, a opción de la sociedad gerente, en un órgano informativo de una bolsa de comercio o mercado de valores o en un diario de amplia difusión donde el fondo común tenga su sede.

Art. 29.- La publicidad y anuncios que practiquen los fondos comunes de inversión con carácter propagandístico, deben ajustarse a normas de seriedad, no pudiendo contener afirmaciones o promesas engañosas, y en ningún caso podrán asegurar ni garantizar los resultados de la inversión.

Rescisión

Art. 30.- Los órganos activos de los fondos comunes de inversión, sociedades gerente y depositaria, podrán rescindir, total o parcialmente, el "Reglamento de Gestión" mediante el preaviso que a ese efecto debe determinarse en el mismo.

Art. 31.- La rescisión podrá evitarse si se celebrase nuevo convenio en reemplazo del que se rescinde. Cualquier reforma o modificación que se haga al "Reglamento de Gestión" debe formalizarse e inscribirse con las mismas solemnidades prescriptas para su celebración.

Fiscalización

Art. 32.- La Comisión de Valores tiene a su cargo la fiscaliza-
ción y registro de las sociedades gerente y depositaria de los fondos comunes de inversión, conforme a las prescripciones de esta ley, su reglamentación y las normas que en su consecuencia establezca el mencionado órgano de fiscalización.

Art. 33.- Las decisiones definitivas de la Comisión Nacional de Valores que causen gravamen irreparable podrán ser apeladas dentro de los quince (15) días hábiles a partir del de su notificación, por ante la cámara federal de apelaciones de la jurisdicción que corresponda. En la Capital Federal intervendrá la Cámara Nacional de Apelaciones en lo Comercial. El escrito de interposición y fundamentación del recurso se presentará ante la Comisión Nacional de Valores la que dentro de los cinco (5) días hábiles subsiguientes al de esa presentación deberá elevarlo a la Cámara conjuntamente con las actuaciones administrativas correspondientes. El recurso se considera concedido al solo efecto devolutivo y la Cámara, salvo las medidas para mejor proveer, deberá resolverlo sin sustanciación alguna.

Art. 34.- Sin perjuicio de la fiscalización específica atribuida por esta ley a la Comisión Nacional de Valores, las sociedades gerente y depositaria estarán sometidas en lo que hace a sus personerías a los organismos competentes de la Nación y las provincias.

Sanciones

Art. 35. - Las infracciones a las disposiciones de la presente ley, como a las normas que dictare el organismo de fiscalización, son pasibles de las sanciones siguientes:

a) Apercibimiento.

b) Multa por el importe que resulte de aplicar la ley 23.513. La misma se aplicará también a los directores, administradores, síndicos, consejeros y gerentes que resulten responsables, en forma solidaria. Podrán ser inhabilitados por tiempo determinado o indeterminado, para integrar organismos de administración o fiscalización de las entidades comprendidas en el régimen de esta ley y de la 17.811.

c) Inhabilitación temporal para actuar. Mientras dure tal inhabilitación, únicamente se podrán realizar, respecto del fondo, actos comunes de administración y atender solicitudes de rescate de cuotapartes, pudiendo vender con ese fin los bienes de la cartera que fueran necesarios, bajo control de la Comisión Nacional de Valores.

d) Inhabilitación definitiva para actuar como sociedad gerente o depositaria de fondos comunes de inversión.

Las presentes sanciones serán aplicadas por la Comisión Nacional de Valores, previa aplicación del régimen sumarial estatuido en los artículos 12 y 13 de la ley 17.811. El organismo de fiscalización podrá renovar la suspensión preventiva por resoluciones sucesivas.

Art. 36. - El procedimiento sumarial podrá ser promovido de oficio por el organismo fiscalizador o por petición de entidades o personas que demuestren un interés legítimo.

Art. 37. - Sólo las resoluciones que apliquen apercibimiento dan lugar al recurso de reconsideración por ante la misma Comisión Nacional de Valores. Ese debe interponerse por escrito fundado dentro del término de diez (10) días hábiles posteriores a su notificación y resuelto sin más trámites dentro de los quince (15) subsiguientes a su interposición. La resolución que se dicte es inapelable.

Derogaciones. Plazo

Art. 38. - Derógase la ley 15.885 y cualquiera otra disposición legal que se oponga a la presente ley. Concédese un plazo de ciento ochenta (180) días para que los fondos comunes existentes se ajusten a las normas de la presente ley.

Art. 39. - El Poder Ejecutivo Nacional reglamentará esta ley dentro de los treinta (30) días de su promulgación.

Art. 40. - Comuníquese al Poder Ejecutivo − *Alberto R. Pierri − Eduardo Menem − Juan Estrada − Edgardo Piuzzi.*

INDICE

Se terminó de imprimir el día 15 de octubre de
1992, en ARTES GRÁFICAS CANDIL S.R.L.,
sito en la calle Nicaragua 4462, Buenos Aires,
República Argentina.